CHRISTIAN REUS-SMIT

AMERICAN POWER AND WORLD ORDER

Themes for the 21st Century

21세기를 위한 주제 04

미국의 권력과 세계 질서

크리스천 류스-스미트 지음 · 유나영 옮김

울력

미국의 권력과 세계 질서 (21세기를 위한 주제 04)

지은이 | 크리스천 류스-스미트
옮긴이 | 유나영
펴낸이 | 강동호
펴낸곳 | 도서출판 울력
1판 1쇄 | 2008년 6월 25일
등록번호 | 제10-1949호(2000. 4. 10)
주소 | 152-889 서울시 구로구 오류1동 11-30
전화 | (02) 2614-4054
FAX | (02) 2614-4055
E-mail | ulyuck@hanafos.com
값 | 12,000원

ISBN | 978-89-89485-63-6 03340

· 잘못된 책은 바꾸어 드립니다.
· 옮긴이와 협의하여 인지는 생략합니다

사맛에게

"큰 것은 작은 것으로부터 자라난다."

폴 켈리

차례

일러두기

1. 이 책은 Christian Reus-Smit의 ***American Power and World Order*** (Polity, 2004)를 완역하였다.

2. 이 책은 원서의 체제를 따랐다.

3. 본문에서 책과 신문, 잡지 등은 『 』로, 논문과 기사는 「 」로 표시하였다. 그리고 영화나 음악 작품은 〈 〉로 표시하였다. 원어 그대로 표기한 경우, 책과 신문, 잡지 등은 이탤릭체로, 논문과 기사는 " "로 표시하였다.

4. 본문 중 〔 〕로 묶어 작은 글씨로 표기한 것은 모두 옮긴이의 것이다.

5. 주석은 책 뒷부분에 있으며, 장별로 일련 번호를 붙여 정리하였다.

6. 원서에서 ' '로 표시한 것은 " "로 표시하였다. 본문 중 ' '는 옮긴이가 표시한 것이다.

머리글

2001년 9월 11일 테러리스트 공격을 당한 뒤 미국은 높은 수준의 국제적 동정과 지원을 누렸다. 그 공격의 규모와 대담성에 전 세계가 충격을 받았고, 가장 예상치 못했던 지역에서까지 분노와 연민을 표시하였다. 공격 이후 2년이 지난 지금 이렇게 지지하는 분위기는 사라져 버렸고, 미국에 대해 외교적으로 논쟁하고 분개하는 분위기가 그 자리를 대신하였다. 세계 여러 지역에서는 미국의 대외 정책이 불안하고 적대적이라고 보고 있다. 부시 행정부는 아프가니스탄과 이라크에서 군사적 승리를 기록했지만, 공격 직후에 미국이 얻었던 사회 자본의 상당 부분을 잃었으며, 국제 관계에서 미국 진보주의의 정체성을 갉아먹었다. 많은 평자들이 보기에 문제는 대외 정책에 대한 부시 행정부의 힘으로 밀어붙이는 '완력 위주의' 접근 방식이다. 비할 데 없는 물질적 자원을 타고난 미국은 세계 질서를 자신의 의지대로 재조직할 힘이 있으며, 또 그러고

자 한다. 이 책은 국제 정치가 그렇게 단순하지 않으며, 힘만
으로 자기가 원하는 정치적 결과를 창출할 수 없고, 사회 자본
및 평판의 탕진 또한 군사적 · 경제적 쇠퇴만큼이나 확실하게
국가의 정치적 영향력을 고갈시킨다는 인식에서 출발하였다.

　　이 책은 탁월한 친구 및 동료들 — 그중에서도 믈라다 부
코밴스키, 피터 크리스토프, 로빈 엑커슬리, 그레그 프라이, 스
튜어트 해리스, 폴 킬, 헤더 레이, 피터 밴 네스, 니콜라스 휠러
— 과의 대화를 통해 탄생하였다. 9.11 테러 이후 2년간, 우리
의 대화는 매번 미국의 권력의 성격과 그것이 세계 질서에 대
해 갖는 의미라는 주제로 되돌아오곤 했다. 나는 미국의 물질
적 자원과 그것을 가지고 의도한 정치적 결과를 이끌어내는
역량 사이의 불일치가 점점 심해진다고 보고 이 점에 관심을
갖게 되었다. 즉, 현재 미국의 대외 정책의 기저에 깔린 권력
이론은 너무 이상적이고 제 기능을 못하고 있으며, 이것이 이
미 미국의 정치적 영향력을 갉아먹고 있다는 생각이다. 나는
이러한 생각을 친구 및 동료들을 대상으로 검증하면서 얻은
지적 만족감에 힘입어, 학자들과 일반 독자를 대상으로 한 작
은 에세이 형식의 책을 쓰기에 이르렀다. 작업의 결과물에 대
한 비판적인 피드백은 큰 도움이 되었으며, 원고의 일부 혹은
전부를 읽는 수고를 해 주신 데 대해 위에 언급한 모든 분들에
게 감사드린다.

　　그동안 나는 여러 청중들을 대상으로 나의 논의를 발표할
기회를 가졌다. 그중에는 2년마다 열리는 공군 컨벤션Air
Power Convention, 국방 · 전략 연구 대학, 연방 법무부 세미나,

호주 외교통상부를 위해 우리 과에 개설된 단기 코스, 호주국립대학 국제관계학과의 세미나 등이 있다. 대학원의 국제 관계 이론 세미나에 참가한 학생들도 내 논의의 일부를 접하였으며, 그중 나의 박사 과정 학생인 조엘 쿼크와 새라 그레이엄은 도전적인 피드백과 귀중한 자극을 주었다. 과거 내가 지도한 학생이자 현재 나의 동료이기도 한 톰 그레그는, 아침마다 블랙 산과 오코너 능선의 산길을 함께 달리면서 내가 전개하는 논지를 주의 깊게 듣고, 큰 봉우리를 막 오르려 할 때마다 까다로운 질문을 던져 나를 시험에 들게 하곤 하였다.

폴리티Polity 출판사의 담당 편집자인 루이스 나이트는 이 프로젝트에 대해 시작 단계부터 열성적인 지원을 아끼지 않았으며, 중요한 순간마다 현명한 조언을 해 주었다. 우리 학과의 연구원인 메리-루이스 히키는 원고를 여러 차례 공들여 읽고 중요한 피드백을 해 주었으며, 체제를 잡고 교정을 보는 데 큰 도움을 주었다. 또 이 프로젝트의 연구 조교인 미첼 버지스의 도움이 없었다면, 이 프로젝트는 이렇게 짧은 시간 안에 완성될 수 없었을 것이다.

이 책이 모습을 갖춘 때는 내 개인적인 삶에서도 매우 중요한 시기였다. 이 책을 집필하기 직전에 헤더와 나는 태국으로 가서 우리의 새로운 아들인 사맛을 입양하였다. 나는 이 사건이 내게 어떤 의미를 갖는지 제대로 설명하려고 애써 보았지만, 고작 할 수 있는 말이라고는 새로운 어린 생명을 사랑하게 되면서 나 자신의 알지 못했던 측면을 발견하고, 결혼의 새로운 가능성을 개척하며, 우리 주위를 둘러싼 세상의 도전적인 측면에 대해 생각하게 되는 등 깊고 풍부한 경험을 하게 되었다는 것이다. 이 모든 것을 내게 선사한 헤더와 샘에게 그 누구보다도 감사한다.

끝으로 애도의 뜻을 표하고자 한다. 원고 수정의 마지막 단계에 있을 때, 나는 저명한 사회 정치 이론가이자 세계화 연구자인 폴 허스트Paul Hirst 교수의 갑작스럽고 때 이른 부고를 접하게 되었다. 폴리티 출판사는 나에게 알리지 않은 채 폴에게 이 책의 논평을 의뢰하였는데, 슬프게도 그는 이 일을 미처 마무리 짓기 전에 유명을 달리하고 말았다. 나는 오랫동안 폴의 학문적 업적을 존경해 왔으나, 아쉽게도 그를 직접 만날 기회는 갖지 못했다. 이 원고에 대한 그의 논평은 크나큰 통찰과 도움을 주었을 것이며, 그에 힘입어 이 책의 논의가 한층 더 예리해졌을 것임은 의심의 여지가 없다.

크리스천 류스-스미트
캔버라, 2003년 8월

서론

21세기 초의 국제 관계를 규정하는 특징 중 하나는 미국의 물질적 우위라는 단순한 사실에 있다. 미국은 역사상 그 어느 나라보다도 큰 경제적·군사적 자원을 지니고 있으며, 가장 근접한 경쟁자를 상당한 격차로 추월하고 있다. 미국의 군사력 규모와 군사 지출 수준은 필적할 나라가 없으며, 고도로 발달한 정보 통신 기술에 힘입어 세계에서 가장 크고 역동적인 경제를 누리고 있다. 미국의 우위는 너무도 확고하여, 가장 온건한 평가들도 "로마 제국 이후로 한 나라가 이처럼 세계를 지배한 적은 없었다"[1]는 말로 서두를 떼곤 한다.

그러나 이러한 물질적 우위에도 불구하고, 현대 국제 관계에서 두드러진 두 번째 특징은 그러한 물질적 자원으로 의도한 정치적 결과를 이끌어 내려는 미국의 노력이 번번이 실패하고 있다는 사실이다. 스티븐 브룩스Stephen Brooks와 윌리엄 월포스William Wohlforth는, "미국이 지닌 힘의 근원은 매우 다채롭고도 튼튼하여, 오늘날 미국의 대외 정책은 (현대사에 등장한 그 어떤 강대국에 비해서도) 필요보다 선택의 차원에서 작동한다"라고 주장한다. 그들은 또 "현재 및 예측 가능한 미래에 미국은 거대한 권력 자원을 가지고 때에 따라 다른 나라를 강제하거나 회유하여 자기 의지대로 움직일 수 있을 것이다"[2]라고 말한다.

문제는 미국이 완력으로 자기 의지를 강제하려는 시도가 계속해서 실패한다는 것이다. 2003년 3월 유엔 안전보장이사회[이하 '안보리']의 "도덕적 다수"를 상대로, 사담 후세인을 무장해제하기 위해 군대를 투입해야 한다는 주장을 설득하는 데 실패한 것은 미국이 지난 50년 이래 경험한 최악의 외교적 패배였다. 뒤이어 미국은 이라크에서 즉각적인 군사적 승리를 거두어 정권 교체라는 표면적 목적을 달성했지만, 미국의 국제적 위신과 도덕적 지위에서 상당한 대가를 치러야 했다. 이라크의 정권 교체를 통해 추진하고자 한 부시 행정부의 중동 "평화를 위한 로드맵"은 그 전에 발의한 슬로건과 마찬가지로 실현이 요원해 보인다. "테러와의 전쟁"을 통해 아프가니스탄과 이라크에서 정권 교체를 이루었지만, 슬프게도 리야드와 모로코에서 발생한 테러 공격으로 알 수 있듯, 미국의 안보가 더 굳건해진 것은 아니다. 미국은 지구 온난화와 관련한 교토 의정서 협약 및 국제형사재판소에 대해 강경한 반대 캠페인을 벌였지만, 현재 국제형사재판소는 설치되었고, 그 회원국 수는 점점 늘어나고 있으며,[3] 교토 의정서는 앞으로 1년 이내에 발효될 것으로 보인다. 1988년 도입된 바젤 자기 자본 규제 협약을 재협상하는 데 부시 행정부가 참여를 주저하고 있음에도 불구하고 유럽 국가들은 독자적으로 자기 갈 길을 갈 공산이 크며, 이는 유럽에서 영업 중인 미국계 은행에 잠재적으로 상당한 타격이 될 것이다. 많은 이슈들을 놓고 미국과 그 주요 유럽 동맹국들 사이의 입장 차이는 날로 벌어지고 있으며, 테러리즘에 맞선 국제적 연대는 요란한 수사를 남발하지만, 이해관계가 서로 제각각인 나라들을 하나로 묶는 공동의 이익은 희미하기만 하다.

　그처럼 탁월한 물질적 우위를 지녔으나 그만한 정치적 영향력을 발휘하는 데 실패하는 초강대국의 존재는 우리 시대의 중요한 역설을 이룬다. 가장 기초적인 차원에서 이는 현대 세계 정치에서 권력의 본질에 대한 근본적인 질문을 제기한다. 지구상에 남은 유일한 초강대국이 그 물질적 자원을 가지고도 의도한 정치적 결과를 문제없이 이끌어 내지 못한다면, 그것을 방해하는 국제적 권력의 근원은 무엇일까? 권력이 총구나 지갑에서만 흘러나와서는 안 된다는 것은 분명하다. 현대 세계에서 권력의 본질을 헤아리는 일은 미래의 세계 질서를 위해 매우 중요한 일이다. 많은 이들이 지적하듯이, 워싱턴의 정책 결정권자들이 미국의 권력의 본질과 한계에 대해 잘못 이해하고 있다면, 계산 착오와 과실이 표준처럼 되어 국제 평화와 안보는 물론 미국의 국익을 실현하는 데도 심각한 위협이 될 것이다. 만약 다른 나라들도 권력의 본질에 대해 비슷하게 잘못 이해하여 물질적 힘과 정치적 영향력을 무반성적으로 동일시한다면, 이에 편승하여 미국의 정책 및 그 실행의 불안정성을 더욱더 부채질하거나 혹은 미국과 세력 균형을 맞추려

하면서 군사적 · 전략적 경쟁이 가속화될 수도 — 혹은 그 두 가지 현상이 동시에 일어날 수도 — 있다.

이 책은 미국의 권력의 역설과, 그것이 21세기 초의 세계 질서 및 정의에 있어 어떤 함의를 갖는지에 대한 비판적인 반성이다. 특히 조지 부시 행정부의 대외 · 국방 정책을 규정하는, 미국의 권력과 패권에 대한 신보수주의적 사고에 중점을 두었다. 신보수주의의 사고에 따르면, 미국은 물질적 우위와 보편적 가치를 담지하고 있으므로 세계 질서를 재편할 수단과 권리를 타고났다. 이 책에서 나는 권력에 대한 이러한 시각이 근본적인 오류이며, 오히려 이 때문에 정책과 그 실행이 제 기능을 다 하지 못한다고 주장할 것이다. 물론 물질적 자원은 권력과 무관하지 않으며, 미국의 물질적 우위는 부정할 수도 과소평가할 수도 없다. 마찬가지로 신보수주의자들이 구사하는 자유와 독립을 향한 수사 또한 부정할 수 없는 보편적 공감대가 확립되어 있다. 그러나 물질적 자원과 보편주의적 수사만으로 아무 문제 없이 자동적으로 정치적 영향력을 창출할 수 있는 것은 아니다. 국가의 영향력은 강압이나 뇌물이나 국제 협약에서 탈퇴하겠다는 협박이 아니라, 다른 국가 및 국제 여론이 그 국가의 정책 및 행동을 얼마나 적법하게 받아들이느냐에 달려 있다. 신보수주의 정책 결정권자 및 논객들은 권력의 사회적 본질을 파악하는 데 실패함으로써 미국의 국익의 효과적 실현을 방해하고, 국제 사회의 토대를 서서히 약화시키고 있다.

1장에서는 미국의 권력에 대한 신보수주의 담론의 부상

및 그것이 부시 행정부의 대전략grand strategy 내에 구체화된 과정을 추적한다. 1990년대에 미국에서는 신세계질서 속에서 미국의 역할에 관한 다양한 — 그러나 한계가 뚜렷한 — 논쟁이 만개했으며, 이 논쟁을 통해 단극 체제, 양극 체제, 민주 평화론, 역사의 종말, 문명의 충돌 등등의 아이디어가 쏟아져 나왔다. 이러한 논쟁 속에서 미국의 권력에 대한 신보수주의적 시각이, 그 정반대의 입장이 될 수도 있는 개념들을 교묘하게 원용하여 부상하였다. 그러나 이러한 견해가 두드러진 위치로 부상한 것은 사상의 시장에서 승리를 거두어서라기보다는 역사의 우연 때문이었다. 미국의 대외 정책의 일방주의적 저류는 이미 클린턴 행정부에서 미국을 "없어서는 안 될 국가indispensable nation"로 일컫은 수사라든지, 안보리의 의결을 배제한 채 코소보에서 군사 행동을 강행한 데에서도 감지된다. 신보수주의자들이 이러한 저류를 일대 주류로 전환시킨 두 가지 계기는 바로 2000년 대선에서 대법원이 조지 부시의 손을 들어준 것과 2001년 9월 11일의 기폭제적 사건이었다. 우리의 목적에 있어 중요한 사실은, 새롭게 부상한 이 권력의 독트린이 비록 냉정한 현실주의의 외형을 취할 때가 많지만, 알고 보면 본래 모습은 결정적으로 이상주의적이라는 것이다. 물질적 자신감과 자기 이익의 보편화와 미국의 능력에 대한 무반성적인 믿음이 기묘하고도 위험하게 혼합되어, 탁월한 물질적 자원을 과신하는 이들이 권력의 사회적 근거를 무시하고 국제 정치의 복잡성을 부정하고 있는 것이다.

    2장에서는 국제 관계에서 권력의 본질에 대해 논의한다.

부시 독트린의 기저에는 권력을 소유 위주·물질 위주로 파악하는, 주관적이고 비사회적인non-social 권력 이론이 자리하고 있다. 권력에 대한 이러한 시각은 세 가지 치명적 오류를 품고 있다. 우선 이는 권력 자원과 정치적 영향력이 단순한 인과 관계에 놓여 있다고 가정한다. 즉, 물질적 우위가 아무 문제없이 정치적 영향력을 낳는다는 것이다. 그러나 이러한 가정은 현재 미국이 필적할 수 없는 물질적 우위를 점하고도 외교적 실패를 잇달아 경험하고 있는 현실과 쉽게 양립하지 않는다. 물질적 자원과 정치적 결과를 통제하는 능력 사이의 관계는 점점 희미해지고 있지만, 부시 행정부가 이를 인정하고 있다는 증거는 거의 없다. 두 번째 오류는 정당성legitimacy에 관한 신보수주의적 시각과 관련된 것이다. 정당성은 사회적 현상이다. 즉, 그 어떤 행위자나 행위도 사회의 다른 구성원이 인정해 주지 않는 한 정당성을 얻을 수 없다. 그러나 부시 행정부는 미국과 그 대외 정책의 정당성의 근거가 미국의 국익의 보편성에 있다고 생각하는 것 같다. 누구든지 자기 정당성을 소리 높여 주장할 수는 있지만, 다른 사람들이 동의해 주지 않으면 아무런 의미도 없다는 사실을 그들은 이해하지 못한다. 마지막 오류는 흔히 미국의 "소프트" 파워의 기둥이라고 일컫는 미국의 문화적 유인력에 대한 가정과 관련된 것이다. 문제는 세계인들이 리바이스 청바지와 디즈니랜드와 아이비리그의 교육을 선망하지 않는다는 것이 아니다. 많은 사람들에게 있어 이는 분명한 사실이다. 문제는 신보수주의자들이, 사람들이 이런 것들을 선망하므로 미국이 세계 정치를 지휘 감독하는 것 또한 무비판적으로 받아들이리라고 가정하는 데 있다. 이는 분명히 사실이 아니다. 권력에 대한 신보수주의적 시각 의 이러한 오류를 바탕으로, 나는 권력에 대한 대안적인 — 정 치적 영향력을 지속적으로 발휘하기 위해서는 권위와 정당성 과 제도가 중요하다고 강조하는 — 사회적 개념을 개관해 보 았다. 권력에 대한 이러한 시각은 패권의 주된 역설을 드러낸 다. 즉, 지속적이고 안정된 리더십을 발휘하기 위해서는 사회 적으로 내재된embedded 권력이 필요하다는 점, 그리고 일방 주의적 행동은 우월한 국가와 세계 질서 모두를 사회적으로 잠식한다는 점이다.

　권력에 대한 신보수주의적 견해는 논리적 오류를 품고 있 을 뿐만 아니라 현대 세계 정치의 기본 구조 및 과정과도 양립 불가능하다. 신보수주의 성향의 정책 결정권자와 논객들은 오 늘날의 세계를 2차 세계대전 직후 미국의 권력의 황금시대에 비유하길 좋아한다. 그때도 지금과 마찬가지로 미국이 물질적 으로 우월한 위치를 점했고, 세계는 심각한 위협과 도전에 직 면했으며, 미국의 권력을 확고히 행사함으로써 보다 평화롭고 번영하는 세계 질서를 창출하였다는 것이다. 물론 미국이 1945년 직후에 물질적으로 우위를 점했으며 오늘날에도 그러 한 지위를 누리고 있지만, 미국이 지금 헤쳐 나가야 하는 세계 는 그때와 급격히 달라져 있다는 것을 이 비유에서는 간과하 고 있다. 3장에서는 오늘날의 세계와 50년 전의 세계를 다소 간략하지만 체계적으로 비교하고, 그 다섯 가지 구조적 차이 점 — 강대국 간의 안보 의존도와 공동의 위협에 대한 인식,

국제적 경제 제휴의 성격, 제도화의 정도, 국가들의 사회의 상
대적 자율성, 규범적 행위의 확산 — 에 주목한다. 이 다섯 가
지 영역에서 두 세계는 뚜렷한 차이를 보이며, 미국의 정책 결
정권자들이 현대 세계에서 패권을 확립하기란 50년 전보다 근
본적으로 훨씬 힘들 것이다. 특히 주권 국가 체제와 자유 시장
경제라는 두 가지 현상이 세계적으로 고착화되면서 이러한 어
려움은 더해졌으며, 나아가 전쟁의 "토착화domestication," 부
의 만성적인 불균형 분배, 지구 생태계의 위기라는 3대 부작용
을 낳았다. 아울러 미국의 리더십과 효율적인 세계 통치에 심
각한 도전을 제기하였다.

　　신보수주의자들이 받아들이는 공리는 부시 행정부의 대
전략이 본래부터 의심의 여지없이 옳다는 것이다. 하지만 우
리는 패권의 부흥을 추구하는 이 현상 재편적[revisionist, 국제 정치
학에서 '현상 유지status quo'와 대비되는 개념으로서 현재의 질서에 만족하지
못하고 이를 변경·타파하고자 하는 세력 혹은 국가를 지칭한다. 일반적으로 현
세계 질서의 패권을 쥔 강대국이 현상 유지 국가로, 현 세계 질서에서 소외되었거
나 불만을 품은 국가들(대표적으로 과거의 중국이나 현재의 북한 등)이 현상 재
편 국가로 분류되곤 한다. 이 책에서 다루는 주된 역설 중 하나는 유일 초강대국
인 현 미국 행정부의 대외 정책이 이례적이게도 현상 재편적 성격을 띠고 있다는
것이다] 기획의 윤리를 어떻게 받아들여야 할까? 4장에서는 다
음의 명제에 초점을 맞추어 패권의 도덕적 근거에 대해 현존
하는 다양한 주장을 평가해 본다. (1) 힘은 무조건 옳다. (2) 힘
이 국제적 공공재를 제공한다면 그것은 옳다. (3) 힘이 범세계
주의적 목표에 기여한다면 그것은 옳다. (4) 힘이 자유로운 동

의에 근거한다면 그것은 옳다. (5) 힘은 무조건 옳지 않다. 나는 이 중 첫 번째와 마지막 주장을 부인하고, 진실의 요점을 품고 있는 남은 세 개의 명제를 통합하는 과제를 제시할 것이다. 나는 기본 인권의 충족에 규범적 우선권을, 제도에 의한 변화에 권고적 우선권을 부여하는 실용적인 종합을 제안한다. 이러한 종합으로부터 나는 부시 독트린의 윤리를 평가하기 위한 네 가지 상호 의존적인 경험 원칙을 추출해 내었다. 즉, 현상 재편적 대전략이 (1) 기본 인권을 충족하는 데 이바지하거나, (2) 국제 사회의 절차적·실질적 규칙에 의해 통제되거나, (3) (1)번과 (2)번 원칙을 준수한다는 전제하에 국제적 공공재를 제공하거나, (4) 급박한 인도주의적 비상사태를 막기 위해 어쩔 수 없이 국제적 규칙을 위반했다면, 그것은 윤리적으로 옳다. 예상치 못한 결과는 아니지만, 이러한 원칙에 비추었을 때, 부시 행정부의 대전략은 슬프게도 그리 높이 평가할 수 없다. 이는 그들이 구사하는 수사에 문제가 있어서가 아니다. 부시 행정부는 얼핏 범세계주의적으로 들리는 가치를 표방하고 있지만, 이는 그들의 정책 및 실행의 다른 측면과 모순된다. 겉으로는 국제 제도에 대한 지지를 표시하지만, 최후통첩을 날린 후 탈퇴해 버리는 외교술을 선호함으로써 이러한 수사는 무효가 되고 만다. 군사적 개입을 인도주의적 용어로 포장하지만, 실제 행동은 일관성이 없고 임의적이며 자기 이익이 빤히 들여다보이므로 냉소를 불러일으키기에 충분하다.

　마지막 장은 미국의 권력에 대한 부시 행정부의 역기능적 견해가 미국의 이익 추구 및 세계 질서의 미래에 어떤 함의를 갖는지를 고찰하면서 논의를 끝맺는다. 권력을 소유의 견지에서, 본래부터 물질적이고 주관적이며 비사회적으로 보는 시각 때문에 미국의 외교적 기술 — 혹은 보다 정확히 말해서 "반反 외교적" 기술 — 이 빈곤해졌다는 것이 나의 주장이다. 강압이나 뇌물이나 제도에서 탈퇴하는 등의 수단을 선호하는 반면, 의사소통과 협상과 협력의 기술을 거부하는 데 미국의 외교적 실패의 궁극적 원인이 놓여 있다 — 고도로 복잡한 오늘날의 세계 질서에서, 강압과 뇌물과 탈퇴는 설사 물질적으로 우월한 국가라도 이익을 실현할 수 있는 차선책에 불과하다. 나는 미국이 이라크전과 관련하여 유엔에서 경험한 외교적 패배를 간략히 검토함으로써 이러한 외교술의 한계를 보이고자 한다. 이러한 외교술은 미국의 이익에만 해가 되는 것이 아니라 국제 사회의 조직과 세계 질서까지 위협한다. 그리고 미국의 정책이 중·단기간에 그 경로를 바꾸지 않을 경우 국제 체제에 초래할 수 있는 네 가지 결과를 제시하면서 이 장을 끝맺을 것이다. 그것은 (1) 일부 국제 제도의 약화와 다른 국제 제도의 새로운 진화, 미국을 배제한 새로운 지배 질서의 구성, (2) 국가 간에 "제도적 균형"을 이루는 빈도의 증가, (3) 지역적·세계적 시민 사회 행위자의 각성 및 행동주의의 증가, (4) 전쟁의 토착화, 전 세계적인 부의 만성적 불균형, 지구 생태계의 위기에 대한 대처 실패이다.

　본격적인 논의를 시작하기 전에 먼저 네 가지 사항을 밝혀 두고자 한다. 첫째, 이 책에서 다룰 주제는 특정한 사고 체계이며, 그 사고 체계는 근본적으로 비논리적이며 현대의 전 지구적 구조와 과정 및 도전과 양립할 수 없음을 지적할 것이다. 부시 행정부의 구체적 정책에 대해서는 자세히 분석하지 않는다. 이 책은 부시 행정부의 구체적 정책이 정해지고 집행되는 사상적 틀이, 행정부가 권력을 보는 시각과 같은 근본적 신념에 의해 결정된다는 가정에 근거한다. 하지만 그렇다고 해서 개별 정책과 그 실행이 이러한 신념을 직접적으로 반영한다는 뜻은 아니다. 행위자 개개인의 성격, 관료주의, 국내 정치와 주변 환경 등의 변수가 그와 반대로 작용할 수 있기 때문이다. 그러나 막스 베버의 유명한 말처럼, 기본적인 신념은 행위가 어느 철길을 따라 이동할 것인가를 결정하는 "전철수 switchman" 역할을 한다.[4]

둘째, 이 책은 현대의 신보수주의 사상가들이 정립하고 부시 행정부의 대전략 속에 녹아들어 있는 미국의 특정한 권력 투사 전략을 다루고 있다. 미국의 권력 투사 정책 일반의 변천사를 설명하거나 역사적으로 분석하지는 않는다. 이러한 역사적 분석은 이 작은 책의 범위를 벗어나는 주제이다. 그러나, 더욱 중요한 이유로는, 부시 행정부의 전략은 그 자체만으로도 의당 분석할 만한 가치가 있기 때문이다. 국제 관계에서의 패권에 대한 연구는 주로 19세기 영국과 1945년 이후 미국의 사례에 맞추어져 있다. 두 경우 모두 상대적으로 덜 발달된 국제 환경에서 패권을 쥔 국가가 국제 제도의 창출을 촉진한 예이다. 부시 행정부의 대전략이 흥미로운 까닭은, 그것이 고도로 제도화된 세계 질서 안에서 물질적으로 우세한 국가가 패권의 부흥이라는 현상 재편적 기획을 추진하는 사례이기 때문이다. 게다가 미국 행정부는 자기 행동의 자유를 박탈한다는 이유로 국제 사회의 다른 구성원들이 크게 중시하고 있는 제도를 폐지하려는 의지를 보이고 있다. 이는 역사적으로 보나 미국의 국익과 세계 질서에 미치는 위협의 차원으로 보나 독특한 현상이다.

셋째, 내가 부시 독트린을 패권 부흥의 기획으로서 규정하는 것은, 패권hegemony에 대한 보다 보편적인 시각을 반영한 결과이다. 패권에 대한 나의 견해는 학계의 일반적인 정의를 따른다. 즉, 한 국가가 국제 사회의 규칙을 정할 능력을 지니고 있을 때, 혹은 로버트 코헤인Robert Keohane과 조지프 나이Joseph Nye의 말처럼 "국가 간 관계를 지배하는 기본적인 규칙을 정할 정도로 힘이 있으며 그 힘을 발휘하려 할 때,"[5] 패권을 쥐고 있다고 한다. 2장에서 설명하겠지만, 나는 물질적 자원만으로 그러한 권력을 획득할 수 있다는 현실주의적 명제를 거부한다. 동의와 정당성이야말로 패권에 중요한 요소이다. 이러한 의미에서 나의 견해는 그람시의 이론을 따르는 학자들의 견해와 궤를 같이한다. 그러나 나는 지배적인 국가의 패권이 지배적인 이데올로기·경제 구조 및 과정과 반드시 공생 관계에 있다는 그들의 생각에는 불편함을 느낀다. 이러한 생각은 권력에 대한 전체주의적 시각으로 이어지며, 이러한 시각은 다시 미국이라는 국가와 세계 자본이 권력 및 이해관계를 공유한다고 쉽게 받아들이고, 코카콜라나 나이키 같은 세계화된 "미국적" 문화 현상을 무비판적으로 전제하기 때문이다. 이 책에서 취한 "약한 그람시적" 관점에 의하면, 미국은 1945년부터 1970년대까지 패권을 쥔 국가였으며, 이 시기 이후로 국제 사회의 규칙을 결정하는 미국의 능력은 쇠퇴하였다. 1980년대 초반 레이건 행정부는 패권의 부흥을 꾀하는 기획에 착수하였고, 많은 이들은 미국이 권력 정치power politics[이데올로기나 이론적 지향이 아닌 물리적 강제력으로서의 권력에 중점을 두어, 이러한 권력의 획득, 유지, 확장을 지향하는 정치를 일컬음] 속에서 이 패권을 행사함으로써 냉전의 종식을 촉진하였다고 생각한다. 그러나 신보수주의자들은 이 기획이 냉전의 종식과 함께 그 힘을 잃었으며, 부시 독트린은 "신레이건주의자"들이 물질적으로 우세한 미국의 위치를 이용하여 21세기에 미국의 패권을 새롭게 수립하려는 시도라고 생각한다.

　마지막으로, 비록 이 책이 부시 행정부의 대전략 안에 녹아 있는 권력 투사 정치학을 다루고 있기는 하지만, 그 기본 주제는 그보다 훨씬 넓다. 부시 행정부의 전략이 수반하는 위험 때문에 그쪽에 중점을 두기는 하지만, 이는 또한 권력의 본질과 현대 지구적 거버넌스에 대한 도전, 상호 의존적이고 다양한 세계 속에서 윤리와 권력 사이의 골치 아픈 관계 등 보다 깊이 있는 주제들을 탐구할 수 있는 유용한 지점이기도 하다. 권력이 물질적 자원에서만 유래하는 것이 아니며 근본적으로 관계적·제도적·사회적 성격을 띠고 있다는 생각은 부시 행정부에만 적용되는 것이 아니라 보편적인 적합성을 지니고 있다. 또 가장 힘 있는 국가도 주권 국가 체제와 자유 시장 경제의 세계화가 몰고 온 뿌리 깊은 도전을 피할 수 없다는 생각 또한 그러하다. 그리고 지배 권력의 윤리에 대한 체계적인 사고 또한 부시 행정부가 사라진 뒤에도 우리가 직면해야 할 도전이다. 여기서 전개한 주장이 맞다면, 세계 정치에 대한 부시 행정부의 문제적 접근 태도는 부작용에 직면할 것이다. 그러나 미국의 물질적 우위는 앞으로도 한동안 유지되면서 세계 정치에 패권과 거버넌스와 윤리의 문제를 제기할 것이다.

1. 우위의 이상주의

미국과 소련 사이의 40년간의 냉전은 미국과 소련의 권력의 본질과 한계, 국내 · 국제 안보 변수, 국제 체제의 구조와 역학의 표준적 규범을 창출하였다. 권력의 양극 분포는 자명한 사실로 여겨졌고, 주요 학자들은 그 덕분에 강대국 간에 "장기 평화"가 유지된다고 생각했으며, 이러한 상태가 21세기까지도 지속되리라 자신 있게 예언하였다.[1] 상호 억지와 동맹 · 세력권의 유지는 국내 · 국제 안보에 본질적인 요소로 여겨졌다. 유엔은 초강대국 간의 정치 게임에서 부차적인 지위에 머물렀다. 사람들은 미국을 초강대국으로 인정했지만, 가장 보수적인 평자와 정책 결정권자들도 그 힘이 양극 체제 내에서 근본적인 제약을 받고 있다고 보았다.

　냉전의 극적인 종식은 이러한 모든 전제의 기반을 뒤흔들어 놓았다. 일부 평자들은 바로 인정하려 하지 않았지만, 양극 체제는 종말을 맞았다. 소련은 동유럽에 대한 통제권을 포기했고, '벨벳 혁명'이 이 지역의 공산주의 통치자들을 대신했으며, 소련 세력은 결국 축출되었다. 국제적 권력 분포 양상은 근본적으로 바뀌었고, 변화의 원인, 그러한 변화의 주요 궤적과 그 의미, 떠오르는 "신세계질서"에 대해 다양한 질문이 제기되었다. 미국의 학자들은 이러한 질문에 대해, 그중에서도 이러한 변화가 유일하게 살아남은 초강대국인 미국에 함의하는 바에 대해 서로 경합하는 여러 가지 답안을 다투어 제시하였다. "단극의 순간unipolar moment"이 도래했다고 선언하는가 하면, 새로운 다극 체제라고 반박하기도 했다. "역사의 종말"을 제시하는가 하면, "문명의 충돌"에 대한 두려움이 일기도 했다. 일본처럼 새롭게 떠오르는 세력과의 경쟁을 걱정하는 한편에서는 미국의 항구적인 "소프트 파워"를 주장하기도 하였다.

십 년 뒤, 그리고 2001년 9월 11일의 비극적인 사건이 있은 지 약 2년 뒤에 이렇게 경합하는 개념의 장 속에서 미국의 권력과 세계 질서에 대한 새로운 담론이 부상하게 된다. 이 새로운 담론은 현재 부시 행정부의 정책 규범 속에 가장 뚜렷이 표현되어 있으며, 미국의 따라올 수 없는 물질적 우위에 대한 찬양, 미국적 가치의 보편성과 우월성에 대한 유사 종교적 신념, 물질적 우위를 이용하여 국제 사회에서 의도한 결과를 이끌어내는 미국의 능력에 대한 고삐 풀린 자신감, 위협에 대한 지속적 인식(이는 국내에서는 제도적 조정을, 대외적으로는 선제 행동을 정당화하기에 충분하다)이라는 네 가지 핵심 개념을 하나로 엮고 있다. 이러한 개념은 9.11 테러 사건을 촉매로 하고 있지만, 원래 이는 1990년대 초 미국의 권력과 국제 관계에 대한 신보수주의 담론에 그 뿌리를 두고 있다. 1990년대 초만 해도 이러한 담론은 여러 불협화음 중 하나의 목소리에 불과했지만, 약 십 년이 흐른 뒤에는 지배적인 위치로 급부상하게 되었다. 그러나 이 담론은 여러 이질적인 것의 집합체로서, 단극 체제와 미국의 지배라는 개념이 융합하고, 여기에 민주 평화론, 역사의 종말, 문명의 충돌 등등의 개념이 가미되어 기묘한 이데올로기적 혼합물을 이루었다.

이 장에서는 미국의 권력과 세계 질서에 대한 이 새로운 담론 — 나는 이 담론에 "우위의 이상주의idealism of preponderance"라는 이름을 붙였다 — 이 부상하는 과정을 간략히 추적하고자 한다. 우선 냉전 종식의 주요 특징과, 주류 학자와 평자들이 그러한 중대한 변화를 예측하는 데 완전히 실패한 것에 대해 살펴보고 난 뒤, 미국 내에서 이 새로운 변화를 이해하기 위해 어떤 움직임이 일어났는지에 대해 좀 더 자세히 논의할 것이다. 그리고 그 주변부에서 발생하여 결국 조지 부시의 국가 안보 독트린을 규정하게 된 신보수주의 사상으로 초점을 이동한다. 냉전사의 원로 학자인 존 루이스 개디스John Lewis Gaddis에 따르면, 이 독트린은 "지난 반세기를 통틀어 미국 대전략의 가장 중요한 재정식화"[2]이다. 그러나 그 시초에는 다음 두 가지 특징이 있었다. 첫째, 이 담론은 자신과 반대되는 개념을 흡수하고 길들여서 미국의 권력에 대한 완성된 이데올로기로 진화하였다. 둘째, 이 담론은 미국 내에서 이루어진 제한적 논쟁 — 분명히 다양한 논쟁이 존재하지만, 그런 가운데서도 침묵하거나 보지 못하거나 인지적으로 거부하는 공백 부분이 있는 — 가운데서 성장하였다.

새로운 것의 충격

1980년대 내내 신현실주의자neorealist와 신자유주의자neo-liberal 사이의 격렬한 논쟁이 미국 내에서 국제 관계에 대해 이루어진 논쟁을 지배하였지만, 양쪽 다 국제 체제의 주요 변화를 제대로 이해하거나 설명하지는 못했다. 신자유주의자들은 공존을 증진하고 국가 간 협력 문제를 다룰 수 있는 제도와 기구의 역할을 강조하였다. 자기 이익에 따라 움직이는 행위자에게는 갈등보다 협력이 이성적인 선택일 때가 많으며, 제도와 기구가 이를 뒷받침한다고 주장하면서 말이다.[3] 이러한 생각 안에는 — 구조화된 협력과 호혜적 교환을 통해 일어나는 — 점진적 변화의 개념이 들어 있다. 그러나 신자유주의는 냉전의 종식과 같은 체제적·세기적 변화에 대해서는 할 수 있는 말이 거의 없었다. 신현실주의자들은 주로 세계 정치의 연속성을 이해하는 데 관심을 기울였지만, 신자유주의자들과는 대조적으로 체제 전체의 변화를 주장했다. 즉, 변화는 권력의 국제적 균형에 중요한 변동 — 예컨대 양극 체제에서 다극 체제 혹은 단극 체제로 — 이 생길 경우에 일어난다는 것이다. 이러한 변화는 강대국의 흥망으로 인해 촉발되며, 강대국의 흥망은 다시 상대적인 권력을 획득하기 위한 투쟁의 결과로 촉발된다.[4] 유일한 문제는 신현실주의자들이 양극 체제를 권력이 균형을 이루는 가장 안정적인 상태로 여겼으며, 1980년대에 세력 균형이 이동하거나 권력에 대한 도전이 이루어질 것임을 예측하지 못했다는 것이다. 중국은 여전히 개발도상국이었고, 일본은 필수적인 군사력을 갖추지 못했고, 유럽은 통합되지 못했다고 생각했으며, 소련이 경쟁을 포기하리라고는 아무도 진지하게 상상하지 못했다.[5]

순수하게 서술적인 차원에서, 냉전의 종식은 신현실주의자들이 말한 체제 변화의 한 사례처럼 보였다. 로버트 길핀 Robert Gilpin은 전쟁과 변화에 대한 그의 고전적인 저작에서, 체제 변화systematic change를 "특정한 국제 체제를 지배하는 유력한 국가나 제국의 흥망"[6]이라고 정의했다. 이러한 시각으로 보면, 냉전의 종식은 신현실주의의 개념 틀에 산뜻하게 맞아 들어간다. 그러나 이 세기적 변화에는 그 개념 틀 안에 수용할 수 없는 요소도 많이 있다. 길핀을 비롯한 학자들은 "체제 변화의 본질은 새롭게 떠오르는 권력이 쇠퇴하는 권력을 대신하는 것이다"[7]라고 본다. 그러나 냉전의 종식에는 새롭게 떠오르는 권력은 없고 사라지는 권력만 있었다. 신현실주의자들은 국가가 다른 무엇보다도 자신의 생존을 추구한다고 가정한 반면, 소련은 자신의 제국을 포기했을 뿐 아니라 자발적으로 여러 개의 공화국으로 해체되었다. 그러자 현실주의자들은 레이건 행정부가 공격적이고 활발한 이데올로기적 공세라는 무기를 통해 이러한 변화를 강제해 냈다고 주장했다. 하지만 그렇게 전제하면 이 변화의 가장 흥미롭고 뚜렷한 특징들을 무시해 버리게 된다. 예컨대 1980년대의 대안적 유럽 안보 담론에서 미하일 고르바초프가 제창한 "신사고new thinking"의 뿌리, 그리고 정치적·군사적 냉전 구조의 정당성을 침식시킨

서유럽 평화 운동 및 (폴란드 자유노조 운동이나 체코슬로바키아의 반체제 운동 단체인 77 헌장 같은) 동유럽 저항 운동의 역할, 2차 냉전 시기[1979년 12월 소련의 아프가니스탄 침공과 1980년대 초중반 레이건의 대 소련 강경책으로 인해 1970년대의 데탕트가 종말을 맞으면서 미 · 소 간에 다시금 긴장이 조성된 시기] 중 유럽과 소련 간의 지속적인 긴장 완화, 그리고 마지막으로, 로널드 레이건 자신이 대결에서 건설적인 참여로 태도를 획기적으로 개종한 사실 등이 그것이다.

　세계 정치의 연속성을 확신하고 변화를 패권 국가의 흥망이라는 견지에서만 이해한 신현실주의자들은, 이러한 개념적 혁신과 국제 사회의 힘을 보지 못했다. 1979년 케네스 월츠 Kenneth Waltz는 양극 질서가 21세기까지 이어질 것이라 예견했으며, 길핀은 그 질서를 불안정하게 만드는 요소들을 연구한 뒤 "이러한 불안 요소들 가운데 현대 세계에[1980년], 적어도 가까운 미래에 내재해 있는 것은 없는 것 같다"[8]고 결론 내렸다. 냉전 종식 이후 현실주의 정책 결정권자들은 재빨리 자신들의 공적을 주장했다.[9] 그러나 댄 듀드니Dan Deudney와 존 아이컨베리John Ikenberry가 언급한 대로, "아무도 냉전의 종식이라는 아기가 태어나리라고 예상치 못했지만, 곧 그 친권을 주장하는 긴 줄이 늘어섰다."[10] 현실주의 학자들은 신현실주의의 완고한 법칙을 폐기하고 고전적 현실주의 사상의 보다 풍부한 본류로 복귀하여, 그것을 가지고 냉전의 종식을 그럴 듯하게 설명할 수 있다고 주장했다.[11] 그러나 이러한 전략은 다른 사상의 전통에서 국제 정치에 대한 개념을 약탈해

와서 현실주의를 무리하게 확장했다는 호된 비판을 받았
다.[12]

흔히들 어떤 평자도 냉전의 종식을 전혀 예측하지 못했다
고 생각하지만, 그리 놀라지 않은 이들도 있었다. 1980년 헝가
리의 반체제 지식인인 페렌스 페허Ference Feher는, "80년대에
는 일부 국가에서 공공연한 사회적 갈등이 폭발하여 얼마간의
정치적 다원주의를 불러오는 일은 피할 수 없을 것이다. … 우
리가 보기에, 폴란드가 다시금 세계사적인 국가로 떠올라 폭
풍의 중심이 되는 미심쩍은 영예를 누릴 가능성이 높다는 것
은 의심의 여지가 없다"[13]라고 썼다. 그로부터 2년 뒤 영국의
역사가이자 평화 운동가인 에드워드 톰슨은 다음과 같이 예견
했다.

> 우리는 지금… 인간이 기록으로 남긴 것들 중에서도 가장 의미심장
> 한 사건들을 경험하며 살아가고 있는지도 모른다. … 빙산이 서서
> 히 녹는 것과 같은 데탕트의 시대는 없을 것이다. 급격하고 예기치
> 못한 변화가 찾아올 것이다. 국가들은 동맹에서 떨어져 나갈 것이
> 다. 한 국가 내에서 격렬한 갈등이 생길 것이다. 위기가 잇달아 찾아
> 올 것이다. 우리는 냉전의 지도를 접어 둔 채, 한동안 지도 없이 여
> 행해야 될지도 모른다.[14]

이들은 현실주의의 렌즈에 잡히지 않는 정치 생활의 측면에
맞추어 자신을 조율했기에, 미국의 주류 평자들이 보지 못했
던 것 — 특히 냉전이 본질적으로 지배의 구조이며, 그 사회적

정당성이 빠르게 침식되고 있다는 사실 — 을 예견할 수 있었
다.[15]

냉전 이후를 이해하기 위한 노력

냉전이 극적으로 종식되면서, 보편적인 세계 정치의 본질과
미래에 대한, 특히 미국의 위치와 역할에 대한 새로운 상상이
발화하였다. 그리고 국제 관계에 대한 (비록 한계가 명확하긴
했지만) 다양한 논쟁이 떠올라 답답하고 협소한 주류 담론을
대신하였다. 이 논쟁에 대한 결정적 연구서에서 그레그 프라
이Greg Fry와 재신타 오해건Jacinta O'Hagan이 언급한 바에 따르
면, 서로 경합하는 이 새로운 이미지들은 "세계 정치에서 어떤
힘과 실체가 중요한가에 대해, 전쟁과 평화의 가능성에 대해,
세계 질서의 도덕적 근거에 대해, '안보'를 보는 시각에 대해,
세계를 하나의 정체政體로 보아야 하는가 혹은 둘이나 여럿의
정체로 보아야 하는가에 대해 저마다 다른 입장을 대변하였
다."[16] 어떤 이들은 세계 정치의 기반에서 세계를 변형시키는
근본적인 지각 변동이 일어나고 있다고 보았다. 또 어떤 이들
은 주권 국가 사이의 관계는 영구한 순환을 반복하며, 우리는
그중 한 바퀴를 돌고 있을 뿐이라고 보았다. 이 논쟁을 여러
가지 방식으로 묘사할 수 있지만, 그중에서도 도취와 불안, 낙
관과 비관, 그리고 '멋진 신세계'라는 견해와 지금보다 위험

하고 "원시적인" 미래의 전조라는 견해 사이에 가장 뚜렷한 선을 그을 수 있다.

도취

2차 세계대전의 "VE 데이"[유럽 전승 기념일] 또는 "VJ 데이"[대 일본 전승 기념일]처럼 냉전의 중단을 공식적으로 상징하는 날은 없다. 베를린 장벽의 붕괴가 냉전 종식의 상징이기는 하지만, 그 과정의 규모와 중요성이 온전히 인식되기까지는 1989년부터 1992년까지 수년의 시간이 걸렸다. 그러나 승리의 순간이 없었다고 해서 (특히 미국에서) 승리의 감정까지 죽은 것은 아니었다. 미국 정책의 승리에서부터, 미국 지배 체제와 경제의 승리, 자본주의와 민주주의의 승리, 특정한 문명의 승리, "서구"라고 하는 무정형의 집단의 승리에 이르기까지 냉전의 종식은 다양한 모습으로 표현되었다. "사실 우리 모두는 냉전에서 졌다"[17]라고 주장하는 한층 더 이성적이고 반성적인 목소리도 있었지만, 많은 이들이 보기에 20세기에 맞붙은 두 정치·경제 체제의 대 경쟁에서 이제 하나의 초강대국만이 살아남았고, 그 하나의 체제만이 우월하고 약동하며 팽창한다는 것은 명백한 사실 같았다.

　일부 사람들이 보기에는 유일한 초강대국 하나가 남았다는 단순한 사실만으로도 승리의 본질을 규정하기에 충분했다. 이것이 바로 "단극의 순간"이었다. 찰스 크라우트해머Charles Krauthammer는 1990년 『포린 어페어Foreign Affairs』에 기고한 글에서, "하나의 일급 패권 국가가 존재하며 가까운 미래에 이와 맞설 패권 국가가 나타날 전망은 없다"[18]라고 선언하였다. 중요한 군사·외교·정치·경제 영역 모두에서 미국이 너무나 발군이기 때문에, 미국은 "세계 어느 곳에서건 자신이 개입하기로 선택만 한다면 결정적 행위자가 될 수 있다"[19]라는 것이다. 크라우트해머 같은 신보수주의자들은 이처럼 새롭게 발견한 패권을 미국인들이 인정하고 환영할 것을 종용했다. 다극 체제는 신화이며, 다자주의는 위험하고 허튼 짓거리에 불과했다. 크라우트해머는 "UN은 아무것도 보장하지 못한다. 형식적인 의미에서가 아니라면 존재한다고 할 수도 없다"[20]라고 썼다. 유일한 대안은 미국이 "단극화된 세계를 지도할 힘과 의지를 갖춰, 당당하게 세계 질서의 규칙을 세우고 그것을 집행할 준비를 하는 것"[21]이다. 소련에 대해 승리를 거두었음에도 세계는 덜 위험해지기는커녕 오히려 더 위험해질 기미를 보였기 때문에 이 점은 매우 중요했다. 권위주의적 정권과 반서구 감정과 대량 살상 무기로 무장한 "핵무기 보유 국가wea-pon states"가 떠오르려 하고 있었다. 이라크는 그런 국가의 본보기이고, 북한은 그런 국가가 되는 중이라고 여겨졌다.

우리 편이 승리했다고 보는 또 다른 견해는 이데올로기이자 지배 형태로서 자유 민주주의의 승리를 강조하였다. 프랜시스 후쿠야마Francis Fukuyama의 견해에 따르면, 냉전의 종식은 곧 역사의 종말을 의미하였다.[22] 여기서 역사란 인간의 삶과 죽음, 사랑과 드라마의 끊임없는 전개라는 의미에서의 역사가 아니라, 이데올로기 간의 변증법적 충돌로 추진되는 사회적 · 정치적 진화 과정으로서의 역사를 의미한다. 200년 이상 지속된 폭력적 경쟁 끝에 자유 민주주의가 세습 군주제, 파시즘, 공산주의에 차례로 승리를 거둔 것이다. 그러나 후쿠야마는 한술 더 떠 "초기의 정부 형태가 심각한 결함과 비이성으로 말미암아 결국 멸망의 길을 걸은 반면, 자유 민주주의는 궁극적으로 그러한 근본적인 내부 모순에서 자유롭다"[23]라고 주장한다. 자유 민주주의의 승리 — 여기에는 자본주의의 승리도 포함된다 — 는 현대 과학의 내재적 역동성이 기술 · 경제에 미친 충격과, 인정을 얻기 위한 사람들의 본능적 투쟁 — 자유 민주주의만이 이러한 본능을 충족시켜 준다 — 에 궁극적으로 기인하였다.[24] 후쿠야마는 예측 가능한 미래에 세계는 점점 팽창하는 "역사 이후의post-historical" 자유 민주주의 영역과, 점점 쪼그라드는 "역사 속의historical" 권위주의 국가 영역 — 대부분이 개발도상국들 — 으로 양분될 것이라고 예언하였다. 자유 민주주의 영역에서 권력 정치는 평화적인 형태의 경제적 경쟁으로 상당 부분 대치될 것이다. 그리고 권위주의 영역에서는 종교, 민족, 이데올로기 갈등으로 말미암아 권력 정치가 계속될 것이다. 대부분의 지역에서 이 두 영역은 "나란히 그러나 서로 분리된 채 공존을 유지"하겠지만, 석유에 대한 통제, 이주 문제, 위험한 첨단 기술의 전파 등의 변수가 작용하면서 자유 민주주의 국가는 아직 역사의 수렁에 빠져 있는 국가로부터 흘러들어오는 위협에서 자신을 방어할 필요성을 느끼게 된다.[25]

후쿠야마의 명제에서 중요한 부분은 민주 국가들끼리의

관계에 대한 개념이다. 이는 새롭게 힘을 얻은 신칸트주의 사
상가들이 활발히 제기하고 있는 개념이기도 하다. 냉전이 종
식된 이후로, 민주주의 국가들이 독재 국가로 생각하는 나라
와는 열성적으로 대결해도 그들끼리는 서로 전쟁을 치르지 않
는다는 것은 거의 상식이 되었다. 1945년 이후의 세계에서 이
마누엘 칸트는 세계 정치에 대해 실질적인 설명을 거의 제공
하지 못하는 순진한 이상주의자로 여겨졌다. 그러나 그의 중
요한 통찰 중 하나 — "공화국"들끼리는 서로 전쟁을 벌일 가
능성이 적다 — 는 이제 미국에서 사실상 국제 관계의 법칙으
로 받아들여지고 있다. 학자들은 이 법칙의 역사적 정확성을
입증하기 위해 열심히 실증적 자료들을 끌어 모았고,[26] 미국의
대외 정책에서 오랫동안 무시되어 온 월슨주의적 흐름을 다시
금 끌어안은 클린턴 행정부는, 세계 평화를 위해서는 민주주
의를 전파해야 한다는 자신들의 정책 원리를 정당화하는 데
이 "법칙"을 이용했다.[27] 왜 민주주의가 평화적 경향성을 갖는
지를 설명하는 이유로는 몇 가지가 제시되었는데, 민주 정부
들이 서로의 정당성을 인정하고, 전쟁 비용을 부담하는 계층
이 정부의 선전 포고에 대해 반발하며, 국제 무역과 상호 의존
이 전쟁 억지 효과를 갖는다는 것이다. 중요한 것은 이러한 주
장을 제기한 이들이 냉전의 종식을 "세계인들이 쓰디쓴 경험
끝에 정치적 자유와 입헌주의를 새로운 종착역으로 받아들
인"[28] "민주주의의 순간"이라며 쌍수를 들고 환영했다는 점이
다. 냉전 종식으로 미국이 잡게 된 기회는 분명했다. "미국은
민주주의를 해외에 전파함으로써, 역사상 최초로 안정된 민주

정체로 구성된 세계를 이루는 데 기여할 수 있게 되었다."[29]

　승리에 도취된 담론의 마지막 흐름은 앞에서 등장한 상상력들을 한데 모은 것이었다. 이는 1980년대 미국의 패권의 임박한 쇠퇴를 둘러싼 논쟁에 그 뿌리를 두고 있다. 미국은 제국의 심각한 과도 팽창을 경험하고 있으며, 제국을 유지하는 비용이 그 경제적 역량을 넘어선다고 지적하는 연구가 이 당시에 잇따라 발표되었다. 그러는 한편 몸이 홀가분한 강대국들이 새롭게 부상하여 미국의 위치에 도전하고 있으며, 패권의 흥망이라는 거대한 역사적 순환 주기의 새로운 국면에 들어설 채비를 하고 있다는 것이다.[30] 우연히도 냉전이 종식된 시기에 이 명제에 대한 신자유주의 측의 반응이 정립되었는데, 이후 이 견해는 매우 큰 영향력을 누리게 된다. 확실히 말해, 미국은 2차 세계대전이 끝날 무렵 타 강대국들이 철저히 파괴되어 극히 쇠약해진 시기에 누렸던 정도의 상대적인 권력을 앞으로 다시 지닐 수는 없을 것이다. 그러나 그렇다고 해서 미국의 우위에 금이 갔다는 얘기는 아니다. 다른 나라가 필적할 수 없는 미국의 군사적·경제적 자원 이외에도, 미국은 "유연한" 혹은 "포섭적인co-optive" 권력이라는 것을 가지고 있기 때문이다. 조지프 나이에 따르면, "포섭적 권력이란 권력을 지닌 국가의 이익에 합치하는 쪽으로 다른 국가들이 그들의 이익을 규정하거나 행동을 선택하도록 상황을 구축할 수 있는 능력"[31]이다. 이러한 형태의 권력은 매력적인 문화와 이데올로기, 그리고 그에 걸맞은 국제 규범을 형성하는 능력에서 비롯하며, 다른 국가들이 거기에 동의함으로써 작동한다. 1990년대 들어 미국

은 다른 국가보다 훨씬 큰 소프트 파워를 지니고 있었을 뿐 아
니라, 세계가 고도로 상호 의존적이고 제도화되면서 그러한
종류의 권력이 점점 더 큰 힘을 얻게 되었다. 나이의 말에 따
르면, "미국은 그 어느 나라보다도 큰 전통적인 하드 파워를
보유하고 있다. 나아가 국가 간 상호 의존이라는 새로운 영역
에서 주도권을 유지할 수 있는, 이데올로기적 · 제도적 차원의
유연한 자원도 보유하고 있다."[32]

불안

앞에서 열거한 찬사들 속에는 새롭게 전개되는 세계 질서의
잠재적 측면들에 대한 일말의 불안감이 자리하고 있다. 그것
은 국내적 고립주의가 단극의 순간을 훼손할지도 모른다는 불
안감일 수도 있고, '역사 속의' 세계가 '역사 이후의' 삶 속으
로 침입해 들어올지도 모른다는 불안감일 수도 있다. 그러나
냉전 이후 미국 사상의 흐름 중에는 불안감을 부수적인 충동
이 아니라 지배적인 정서로서 품고 있는 지류도 있다.

　단극의 순간과 그 지속성에 대해 철저히 회의적인 이들도
있었다. 이들 중에서 가장 목소리를 높인 이들은 단극의 순간
이 말 그대로 "순간"에 지나지 않는다고 주장한 신현실주의자
들이다. 초강대국 하나가 유일하게 남은 상황은 권력이 근본
적으로 불균형한 상황이며, 역사가 항상 증언하듯이, 다른 나
라들은 그 균형을 재창출하기 위해 무슨 짓이든 한다는 것이
다. "미국의 절대적으로 우월한 위치에 불안감을 느낀 다른 국

가들은 자신들을 '열강'으로 무장할 것이다"라고 케네스 월
츠는 썼다.[33] 미국은 그 우월성을 유지하기 위해, 현재의 강점
을 이용하여 잠재적 도전자들을 단념시키고 포섭하고 무너뜨
리기 위해 발버둥 치겠지만, 이는 실패로 돌아가게 되어 있다.
국제 사회에 공공재를 제공하는 등 온건한 패권을 발휘하는
정책도 다른 열강들의 무임승차를 부추겨 그들의 위치를 향상
시키고 미국의 국익을 고갈시킬 뿐이다. 게다가 온건한 패권
전략은 그 자체로 난센스이거나 혹은 그렇게 해석될 여지가
있다. 불균형한 패권 국가는 온건함을 지속적으로 유지하기
힘든 법이며, 자신의 가치를 외부에 전파하고 그 이익을 실현
하려는 시도는 편안하다기보다는 위협적으로 비칠 공산이 크
다.[34] 따라서 단극 체제는 결국 다극 체제로 바뀌게 되어 있으
며, 생각보다 빠른 시일 안에 그렇게 될 가능성이 크다. 문제
는 이로써 세계가 한층 더 위험해진다는 것이다. 존 미어셰이
머John Mearsheimer는 우리가 "미래로 회귀하고back to the
future" 있다는, 즉 지난 수백 년간 유럽에서 전쟁의 불씨가 되
었던 불안정한 다극 체제로 향하고 있다는 도발적인 주장을
했다. 양극 체제야말로 세계 안보의 열쇠였는데, 이것이 사라
지면 동맹은 해체될 것이고 유럽 연합과 같은 집단 기구들은
쇠퇴할 것이며, 국가 간의 군사적·경제적 협력이 강화될 것
이다.[35]

　여기에 미국의 경제적 우세의 쇠퇴를 우려하는 다른 그룹
의 논객들이 가세하여, 세계가 다극 체제로 흘러갈지 모른다
는 염려는 더욱 심화되었다. 이러한 우려는 냉전이 끝나기 최

소한 십여 년 전부터 있어 왔지만, 1980년대 후반에서 1990년
초반 사이 미국이 불경기에 시달리고 부채가 늘어나며 주요
경쟁국들(특히 일본)이 역동적으로 부상하면서 더욱더 커졌
다. 이러한 쇠퇴를 제국의 과도한 확장 탓으로 본 평자들과는
달리, 이들은 미국 경제 자체의 내부적 결함을 강조하였다. 미
국은 세계 최대의 채무국일 뿐만 아니라 세계의 생산과 무역
에서 차지하는 비중도 점점 줄어들고 있으며, 산업 발전 수준
도 일본에 뒤쳐졌다는 것이다.[36] 이러한 흐름을 되돌리자는 것
이 1992년 이후 민주당 대통령을 요구하는 이들의 외침이었
다. 레이건과 첫 번째 부시 행정부는 미국의 권력의 내부적 근
원을 무시했다는 비난을 받았다. 펜실베이니아에서 새로 선출
된 민주당 상원의원 해리스 워포드Harris Wofford는, "허울 좋
은 미국의 승리를 만끽한 뒤 어느덧 정신을 차려 보니 미국의
경제는 불경기의 나락으로 빠져들었고, 경제 성장률, 경쟁력,
무역 균형, 국가 채무, 공공 보건, 교육 등의 모든 수치에서 그
상대적인 지위가 하락하였다"라고 썼다.[37] 이제는 경제적 권
력이 세계 정치에서 통하는 수단으로 여겨졌으므로, 이러한
쇠퇴는 이중의 문제를 안고 있었다. 그리고 당시에 존 자이스
만John Zysman이 주장했듯이, "경제적 권력의 중요성이 커짐
에 따라, 국가가 행사하는 영향력의 기반은 미국이 강한 힘을
갖춘 군사력에서 미국의 입지가 약해져 가는 경제 영역으로
점차 이동"해 가고 있었다.[38]

　세계가 위험을 무릅쓰고 다극 체제로 향하고 있다는 생각
은 새뮤얼 헌팅턴Samuel Huntington에 의해 급진전하게 된다.

신보수주의자들과 마찬가지로, 그도 일본의 "경제 전쟁 전략"의 위협에 직면해 있는 미국의 우위를 방어할 것을 맹렬히 주장했다.[39] 그러나 그의 주장의 새로운 점은 "세계 정치가 다극화, 다문명화 되어 가고 있다"[40]는 생각이었다. 즉, 냉전 이후 시대의 가장 큰 특징은 사람들이 "우리는 누구인가?"라는 질문에 대한 해답을 추구하는 정체성 정치identity politics의 등장이라는 것이다. 이로써 가장 광범위한 수준에서 여러 문명권으로 분리된 세계가 창출되고 있다. "세계의 국가들은 더 이상 냉전 시기의 세 블록으로 나뉘는 것이 아니라 일곱 개 혹은 여덟 개의 문명권으로 나뉜다."[41] 헌팅턴이 보기에 이러한 문명권 간의 관계는 경쟁하는 열강들 사이의 관계와 동일하다. 즉, 권력을 얻기 위한 투쟁이 규범이 되고, 갈등은 고질적인 현상이 된다. "새로운 세계에서 가장 설득력 있고 중요하고 위험한 갈등은 사회 계급이나 빈부 등 경제적으로 규정된 집단 사이의 갈등이 아니라, 서로 다른 문화권에 속한 사람들 사이의 갈등일 것이다. … 이 중에서도 가장 위험한 충돌은 문명과 문명 사이의 단층에서 일어난다."[42] 그리고 이 단층들 중에서도 가장 위험한 부분은 "서구의 권력 및 문화와 비서구 문명 — 특히 이슬람 문명과 유교 문명 — 의 권력 및 문화가 상호 작용하는 지점"이라고 주장한다.[43]

　　지금까지 냉전 이후의 세계에 대한 도취와 불안에서 파생된 다양한 논의를 간략히 소개했지만, 이것이 미국 내(미국 바깥은 말할 것도 없고)에서 일어난 논쟁의 전부는 아니다. 마찬가지로, 새로운 다극 질서를 예견하면서 그것을 보다 바람직

한 모습으로 파악하여, 열강들의 새로운 제휴 기반이 마련되
고, 그로 인해 평형 상태가 나타날 것이라고 생각한 이들도 있
었다.[44] 그런가 하면, 헌팅턴의 견해가 온건해 보일 정도로 끔
찍한 대혼란이 임박했다는 견해를 내세우는 이들도 있었다.[45]
하지만 앞에서 검토한 생각들은 미국이 신세계질서와 그 역할
을 이해하기 위해 노력한 과정에서 특히 두드러진 견해들이
다. 또 이 개념들은 그로부터 십여 년 뒤에 부상하게 되는, 미
국의 권력에 대한 어떤 담론의 주재료 혹은 부재료를 이루게
된다.

우위의 이상주의

1990년대를 공백의 시기로, 즉 미국이 냉전 이후의 환경과 조
화를 이루려 발버둥친 시기로 읽을 수 있을 것이다. 그리고 이
때는 (합리적 조정뿐만 아니라 투쟁과 우연을 통해) 다시금 기
운을 회복한 신보수주의 이데올로기 혹은 "대전략"이 미국 정
부 내에서 점차 승리를 거두게 된 시기이기도 하다. 신현실주
의자들은 대전략이 국제 체제에 대응하기 위해 필연적으로 고
안된 것이며, 외부의 위협과 강제와 기회에 대한 합리적인 반
응이라고 생각한다. 그러나 이 이데올로기적 승리는 냉정한
전략적 적응의 승리인 동시에, 이데올로기의 계승이자 그들이
오랫동안 추구해 온 의제의 승리이기도 하다. 9.11 테러는 확

실히 그러한 전략적 적응을 촉진하기에 충분하고도 남았지만, 주사위는 이미 그 훨씬 전부터 던져져 있었다.

신보수주의의 부상

걸프전의 승리에도 불구하고 레이건주의 성향의 신보수주의자들은 아버지 조지 부시 대통령에게 실망했다. 의제를 설정하고, 유엔 안보리에서 결정적인 리더십을 발휘하고, 국제법을 수호하기 위해 멀리 떨어진 곳까지 파괴적인 군사력을 조달하는 미국의 능력은 1차 걸프전에서 적어도 부분적으로 입증되었지만, 그 능력의 잠재적 최대치는 실현되지 못했다. 사담 후세인은 여전히 건재했고, 비행 금지 구역이나 경제 제재 같은 임시 체제로만 통제가 가능했다. 그러나 신세계질서에 대한 부시의 전망은 점점 흐릿해졌고, 일관된 목표도 효과적인 일격도 보여 주지 못했다. 왕년에 주중 · 주유엔 대사로 활동하고 CIA 국장도 역임한 부시 대통령 자신의 대외 정책 경력은 흠잡을 데 없었다. 그러나 신세계질서에 대한 그의 접근 방식은 실용적이고 관리주의적이었으며, 정치적 스펙트럼을 막론하고 "전략이 없는 대외 정책, 리더십 없는 관리주의, 유능하지만 대세를 이끌지 못하고 끌려 다닌다"는 비판을 받았다.[46] 미국은 단극의 순간을 놓치지 말아야 한다고 크라우트해머가 호소한 것도 이러한 맥락에서였다. 물론 이 호소는 민주당이 아닌 공화당 대통령을 겨냥한 것이었다.

　신보수주의자들이 클린턴 행정부에게서 위안을 얻었을

것 같지는 않다. 1992년의 미국 사회는 지난 십여 년만큼 국제 정세에 큰 관심을 보이지 않았으며, 빌 클린턴은 위태로운 경제 상황, 보건, 교육, 도시 범죄 등 끝이 없고 골치 아픈 국내 문제에 집중하라는 유권자들의 무언의 명령 하에 선출되었다. 대외 정책의 의제를 확립하는 데 시간이 걸리긴 했지만, 클린턴의 접근 방식은 다소 냉담한 윌슨주의적 국제주의로 요약할 수 있으며, 그 중심 모티프는 "민주주의와 시장 경제의 확장" 이었다. 이 중 시장 경제 영역에서 클린턴 행정부는 일부 두드러진 성공을 거두었다. 관세와 무역에 관한 일반 협정(GATT) 의 우루과이 라운드, 세계무역기구(WTO)의 공동 설립, 북미 자유무역협정(NAFTA) 등이 그것이다. 반면 민주주의를 증진한 기록은 그에 미치지 못한다. 발칸 반도의 분쟁과 관련하여 우유부단한 태도를 수사로 무마하였고, 권위주의 국가의 인권을 다루는 방식은 일관성이 없었으며, 국제형사재판소에 대한 변덕스러운 접근 방식에서 분명히 드러났듯 국제법의 발전에 대해서도 모호한 태도를 보였다. 다자주의를 지원하겠다고 선언하면서도 한편으로 코소보 사태 때 UN 안보리를 무시한 사례에서 볼 수 있듯이, 이러한 태도는 국제 제도에 대한 양가적 입장을 반영하는 것이었다. 집권 2기 행정부의 수사와 행동은 (일부분 의회의 공격에 대한 대응으로) 더욱 일방주의적 방향으로 선회한다.[47] 국가 수뇌부는 미국이 "없어서는 안 될 국가" 라는 주장을 되풀이했다. 왕이 "만인지상의 지위에 있으므로 그 누구보다도 정확히 사물을 본다"[48]는 루이 16세의 주장을 반향하기라도 하듯, 매들린 올브라이트는 "우리는 높이 서 있으므로 다른 나라보다 미래를 더 멀리 바라보며, 우리 모두에게 닥칠 위험을 더 잘 볼 수 있다"[49]라고 주장했다. 신보수주의자들은 민주주의를 전파하고 자유 무역을 증진한다는 클린턴의 기치에는 별달리 반박할 말이 없었지만, 그의 약하고 일관성 없는 국제주의와, "없어서는 안 될" 미국의 역할을 온전히 입증하지 못한 점에 대해서는 가차 없이 비난했다. 전임자인 부시와 마찬가지로, 클린턴도 '단극의 순간'을 포착하는 데 실패했다. 또 미국적 가치에 따라 세계 질서를 변화시킬 분명하고 야심찬 계획을 수립하지도 못했고, 필요할 때 강제적이고 일방적인 주도권을 잡지도 못했으며, 군사적 우위를 보강하여 미국의 우월성을 지키지도 못했다.

　1990년대가 진행되는 과정에서 보수주의 세력은 전방위에서 클린턴 정부에 도전하였다. 1994년에 열린 의회 중간 선거에서 뉴트 깅그리치는 행정부에 대항하여 보수주의의 사회적·정치적 의제를 정립한 "미국과의 계약Contract with America"을 발표했다. 이 시기에 기독교 우파의 영향력이 증대하여, 그들이 공화당 정책의 상당 부분을 좌지우지하였다. 1998년 중간 선거 때 "기독교 연합"에서 미국의 수백만 가정에 배포한 선거 자료집을 보면, 평균적으로 공화당 의원들은 의회에서 전체 안건의 88.7퍼센트를 기독교 연합의 의제에 따라 투표했으며, 깅그리치는 100퍼센트를 기록하였다고 주장하고 있다.[50] 행정부에 반대하는 운동은 입법 의제에만 한정된 것이 아니었다. 의회 안팎의 보수주의 그룹들은 클린턴의 재정 상태와 개인사를 철저히 파헤쳤으며, 이는 궁극적으로 르

윈스키 사건과 '스타 보고서'로 이어졌고, 클린턴은 탄핵 직전까지 몰리게 되었다. 이처럼 조직적인 캠페인에도 불구하고 클린턴은 두 번째 임기를 마치고 최고 지지율을 기록하며 백악관을 떠났다.

그보다는 덜 극적이지만 궁극적으로 가장 큰 영향력을 발휘한 반反클린턴 캠페인은 한 신보수주의 대외 전문가 집단이 수행한 것이었다. '새로운 미국의 세기를 위한 기획The Project for the New American Century'이라는 깃발 아래 모인 이들은 젭 부시, 딕 체니, 도널드 럼스펠드, 폴 울포위츠, 리처드 펄Richard Perle, 리처드 아미티지, 프랜시스 후쿠야마 등이며, 그중 대부분이 훗날 조지 부시 행정부에서 중요 직책을 맡게 된다. 그들은 "군사적 힘과 도덕적 선명성을 중시하는 레이건주의 정책"을 추구하며, "레이건 행정부가 성공한 근본 요소"로 되돌아갈 것을 주장했다. 그 근본 요소란 "현재와 미래의 도전에 맞설 준비를 갖춘 강한 군대, 대담하고 과단성 있게 미국의 대외 원칙을 견지하는 외교 정책, 미국의 세계적 책임을 받아들이는 국가적 리더십"[51]을 말한다. '기획'의 핵심 멤버들은 '당면한 위험에 대처하는 위원회Committee for the Present Danger'라는 이름의 조직을 만들고 레이건주의의 이데올로기적 기초를 마련하는 데 주력하는 한편, 새로운 "당면한 위험," 즉 미국의 "도덕적·전략적 무장 해제"[52]라는 내부적 위험을 강조하였다.

'새로운 미국의 세기를 위한 기획'은 끝을 모르는 야심에 찬 대전략을 제안하였다. 이 대전략은 잘메이 칼릴자드Zalmay

Khalilzad의 초기 논문에 요약되어 있다. 이 전략의 중심 아이디어는 미국이 "글로벌 리더십을 보유하고 막연한 미래에 경쟁 국가의 부상 또는 다극 체제로의 복귀를 저지"해야 한다는 것이다.[53] 이 아이디어는 1992년 펜타곤에 있는 폴 울포위츠의 사무실에서 새어 나가 『뉴욕타임즈』에 보도된 메모에서 최초로 구체화된 모습으로 나타난다. 그들은 단극의 순간을 "단극의 시대"로 고착시키면 "미국의 가치에 더욱더 개방적이고 수용적이며," 핵 확산, 불량 국가, 소규모 분쟁 등의 문제를 다루기가 좀 더 용이하고, 열강 간의 냉전 혹은 무력전이 발생할 가능성이 낮은 환경을 창출할 수 있으리라고 여겼다. 미국이 우위를 확보하고 상품을 팔기 위해서는 유럽, 중동, 페르시아만에서 적대적인 패권 국가가 떠오르지 못하게 방지해야 하며, 미국의 군사적 우월성을 보존하고, 자유 민주주의 국가 간의 평화 구역을 확장·강화하고, 경제력 강화를 위한 기술 기반과 생산 기반을 보완해야 한다.[54] 이러한 광범위한 전략 목표에 덧붙여, '기획'의 멤버들은 이라크나 북한 같은 국가가 제기하는 위험은 "정권 교체"를 통해서만 해결할 수 있다고 주장했다.[55] 그들은 또 미국이 화학·생물학 무기와 핵무기를 보유한 국가의 위협에 대해 핵으로 보복하겠다고 위협하고, 그들의 무기를 철저히 파괴할 능력을 기르며, 능동적·수동적 방어 체계를 구축함으로써 대처할 필요가 있다고 강조하였다.[56]

부시 독트린

이러한 생각이 승리한 이유는 경쟁하는 사상의 시장에서 그것
이 특별한 장점을 지녔기 때문만은 아니었다. 확실히 '새로운
미국의 세기를 위한 기획'은 공화당 내에서, 특히 헨리 키신저
나 진 커크패트릭 같은 좀 더 신중한 현실주의자들에 비해 정
책적으로 유리한 고지를 점하는 데 대단한 성공을 거두었다.
그러나 그들의 대대적인 승리는 이성과 설득보다는 우연과 환
경에 더 크게 기인하였다. 2000년 대선에서 대법원이 조지 부
시의 손을 들어 주자, '기획'의 멤버들은 격렬한 논쟁 가운데
있는 소수의 선도자라는 위치에서 정책 관리자로 한 계단 상
승하였다. 그때만 해도 부시 당선의 정당성에 대한 의심이 채
가시지 않았고, 2001년 1월에는 공화당이 상원에서 소수당으
로 추락하여 섣부른 행동을 자제하는 분위기였다. 하지만 9.11
테러로 모든 것이 바뀌었다. 그 순간부터 족쇄는 풀렸다. 이미
미국의 권력과 당위성에 대해 확신하고 있었던 행정부는, 끝
도 없고 실체도 없는 전 지구적 위협의 유령 덕분에 미국의 우
월성을 굳히고 — 필요하다면 일방적으로라도 — 세계 질서를
당당하게 재편할 기회를 갖게 된다.

논의를 계속하기 전에, 부시 행정부 내에서 신보수주의의
영향력에 대해 몇 마디 언급을 해 둘 필요가 있다. 행정부에
참여한 '기획'의 멤버 수, 그리고 그들이 내세웠던 의제와 행
정부의 정책 방향 사이의 유사성은 매우 눈길을 끈다. 물론 부
시의 내각 구성원 전부가 이곳 출신은 아니다. 부시 자신도 이

그룹의 멤버가 아니었고, 콜린 파월이나 콘돌리자 라이스도 이곳 출신이 아니다. 하지만 '기획'의 핵심 멤버들, 특히 도널드 럼스펠드와 딕 체니가 행정부의 대전략을 개발하는 데 상당한 영향력을 행사한 것은 분명하다. 부시는 이 대전략에 도덕적 당위성이라는 강력한 요소를 주입했고, 라이스는 강경노선의 무게 중심에 가까이 이끌렸으며, 파월은 '기획' 동료들의 군사적 일방주의를 완화시키려고 고군분투했지만 어림없었다. 그 합력이 작용하여 행정부의 대전략은 광신적 뉘앙스를 띠게 되었으며, 이를테면 안보리 승인의 필요성 같은 이슈를 둘러싸고 내부에서 싸움이 벌어졌다. 그러나 뒤에서도 보겠지만, 비록 행정부 정책의 기본 틀이 환경이나 실행 조건 등을 이유로 일부 수정되기는 했어도, 그 기본 틀을 제공한 사람은 '기획'의 신보수주의자들이다.

행정부의 세계관에서 중심적인 것은 미국 우월성의 찬양이다. 그들이 작성한 "미국을 위한 국가 안보 전략"은 다음과 같은 문장으로 시작한다. "미국은 세계에서 전례가 없는 — 그리고 필적할 바 없는 — 힘과 영향력을 소유하고 있다. 우리의 지위는 자유의 원칙과 자유 사회의 가치에 대한 신념으로 뒷받침되며, 미증유의 책임과 의무와 기회가 따른다."[57] 행정부가 발표한 그 어떤 대외적 발언이나 문서도 이 정도의 자신감을 보이지는 못한다. 미국의 군사적 · 경제적 우월성은 자명한 사실로 취급해도 무방하다. 거의 십여 년간 지속적인 경제 성장과 군사 기술의 현저한 발전을 이루었으므로, 미국의 권력의 국내적 기반은 탄탄해 보인다. 일본은 끝없는 불황의 늪에

빠졌고, 유럽은 경화증에 걸린 경제와 씨름하고 있었으며, 러
시아는 확연히 쇠퇴하였고, 중국은 경쟁자로서 핸디캡이 많았
으므로, 잠재적인 도전자들은 모두 멀리 뒤쳐져 있는 듯하였
다. 이처럼 우세가 확연하므로, 미국이 야심적인 전 지구적 목
표를 추구하고 성취할 능력이 있다는 것은 당연한 사실로 여
겨진다. "국가 안보 전략"은, "우리는 이 영향력의 순간을 활
용하여 앞으로 수십 년간 평화와 번영과 자유의 시대를 만들
것이다"[58]라고 선언하고 있다. 행정부는 동맹국과 협력할 필
요성을 언급하고 다자주의적 기구를 지원하겠다고 내세웠지
만, 다른 한편에서는 "우리의 이익과 책임이 걸렸을 때에는 따
로 행동할 준비가 되어 있다"[59]라고 단언하였다.

   1990년대 초반 나이를 비롯한 학자들은 필적할 나라가 없
는 미국의 소프트 파워를 지적함으로써 미국의 우위를 재확인
하고자 했다. 물질적인 권력의 격차는 다른 나라들이 좁혀 와
서 메우고 있지만, 미국은 보편적인 호소력을 띤 문화와 이데
올로기를 지니고 있다는 것이다. 그로부터 십여 년이 흐르자
미국의 물질적 쇠퇴에 대한 두려움이 수그러들고, 미국이 유
일무이한 소프트 파워를 타고났다는 생각이 완전히 내면화되
었다. 사실 미국이 전 지구적 목표를 마음껏 추구할 수 있게
하는 면허장은 바로 미국 정체政體의 문화와 제도 속에 구현되
어 있는 미국적 가치의 보편성이(라고들 한)다. 역사의 종말에
관한 후쿠야마의 명제를 반향하듯, "국가 안보 전략"의 머리
부분에 붙은 부시의 인사말에서는 "자유와 전체주의 사이에
벌어진 20세기의 대 투쟁은 자유 편의 결정적인 승리로 끝났

으며, 이제 국가가 성공하기 위해서는 단 한 가지의 지속 가능한 모델이 남았다. 그것은 바로 자유freedom, 민주주의, 자유 기업이다"라고 선언하였다. 미국이라는 특정 국가가 이러한 가치의 체현이자 표상으로 여겨지기는 하지만, 이는 또한 보편적으로도 유효한 가치이다. "이러한 자유의 가치는 모든 사람, 모든 사회에서 옳고 참이다. 그리고 이러한 가치를 적에게서 보호할 의무는 전 세계 지역과 세대를 막론하고 자유를 사랑하는 모든 사람들의 공통된 요구이다."[60]

타 강대국들이 미국의 우위에 도전하지 못하게 저지해야 한다고 제안하는 내용의 메모가 1992년 울포위츠의 사무실에서 유출되었을 때, 아버지 부시 행정부는 긴급 대책 마련에 들어갔다. 하지만 오늘날 이는 공공연한 정책적 선언이다. 미국의 우위를 지탱하는 물질적·이데올로기적 기반을 자신하는 행정부는 미국의 "힘이 그에 맞먹거나 추월하려는 잠재적인 적의 군사적 증강을 저지할 만큼 충분히 강력하다"[61]는 사실을 숨기지 않는다. 여기에는 그러한 목적을 달성하는 것이 가능하다는 — 미국의 경제와 산업과 독창성이 군사적 우위를 영원히 지탱할 수 있다는 — 신념과, 미국의 패권의 자비로운 성격에 대한 믿음이 반영되어 있다. 이성적인 모든 사람들이 미국적 가치를 누리고 싶어 하며, 미국은 세계 질서와 복지에 필수 불가결한, 그 어떤 국가도 주지 못하는 수많은 공공재를 베푼다는 것이다. 로버트 케이건Robert Kagan의 말에 따르면, "사실 미국이 행사하는 자비로운 패권은 대다수의 세계인에게 유익한 구실을 한다. 이러한 국제적 상황은 확실히 그 어떤 현실주의적인 대안보다도 낫다. 이를 훼손한다면 미국보다도 다른 여러 나라들이 훨씬 큰 대가를 더 빨리 치러야 할 것이다."[62]

부시 행정부는 미국적 가치에 복무하는 미국의 우위를 지키는 일을 일컬어 "인류의 자유를 위해 세력 균형을 창출하는 일"[63]이라고 부른다. 나폴레옹 전쟁 이후 메테르니히를 비롯한 유럽 지도자들은, 국가가 의도적으로 그 동맹국들을 조정하여 어느 한 국가도 절대적인 우위를 점하지 못하도록 한 평형 상태를 일컬어 "세력 균형"이라는 용어를 사용하였다. 헨리 키신저를 비롯한 일부 사람들은 그러한 세계를 동경하며 그리워했지만, 행정부의 시각은 이와 다르다. 그들이 말하는 "세력 균형"이란 힘의 평형 상태가 아니라 확실한 우위를, 바로 19세기 유럽 열강들이 피하고자 했던 상황을 의미한다. 미국의 지속적인 지배는 인류의 자유를 위하는 길이다. 물론 여기서 "인류의 자유"라는 표현도 "세력 균형"과 마찬가지로 독특한 의미를 띤다. 이는 곧 "국가가 성공하기 위한 단 한 가지의 지속 가능한 모델, 즉 자유, 민주주의, 자유 기업"을 선택할 자유를 의미한다. 우리가 역사의 종말에 이르렀으며 미국적 가치가 정말로 보편적이라는 생각을 편안하게 받아들이는 사람들이 보기에는 당연하고 문제없겠지만, 나머지 사람들이 받아들이기에는 당황스러운 생각이다.

행정부는 떠오르는 다른 열강들이 자신의 패권에 도전하지 못하도록 저지하고 패퇴시키는 데 진력하는 한편, 민주 평화론democratic peace(한 나라가 민주적일수록 그 나라는 평화 지향적이며, 민주 국가 사이에는 전쟁이 없다는 사상)의 명제를 흡수하여, 러시아와 중국이 민주주의와 자본주의로 성공리에 이행하도록 이끈다면 국가 간 충돌의 소지가 줄어들 것이라고 여긴다. 그리고 주된 위협은 대량 살상 무기를 휘두르는 전 지구적 테러리스트와 불량 국가들의 몫이라고 생각한다. 그중 전 지구적 테러리스트는 본질적으로 새로운 요소로서, 9.11 테러 이후에 폭발적인 의제로서 등장했다. "국가 안보 전략"에서 규정한 바에 따르면, "적은 단일한 정권이나 종교나 이데올로기가 아니다. 적은 테러리즘 — 사전에 계획하여 무고한 사람들에게 자행하는, 정치적 동기를 지닌 폭력 — 이다."[64] 행정부는 이러한 적과 마주하여 광범위한 공격 · 방어 전략을 채택하였다. 여기에는 테러리스트 지도부에 대한 직접 공격, 지휘 · 통제 · 커뮤니케이션 · 물적 자원 및 재정, "국토 안보"의 강화 등이 포함된다.

앞에서도 보았지만, 불량 국가에 대한 행정부의 우려는 테러리스트들만큼 새로운 것은 아니다. 부시가 연두 교서에서 이라크, 이란, 북한을 일컬어 악명 높은 "악의 축" 발언을 한 것은, '새로운 미국의 세기를 위한 기획'이 끄집어 낸 논쟁거리 중 하나를 아주 극적인 방식으로 공적 의제에 올려놓은 데 불과했다. 차이점이 있다면, 이 국가들을 공격하여 그 정권을 바꾸어야 한다는 주장의 근거가, 이들이 대량 살상 무기를 가지고 있다는 혐의만이 아니라 국지적 · 세계적 테러리스트 조직을 지원했다는 혐의에 있다는 사실이다. 따라서 유엔 총회에서 부시가 이라크와 관련해 행한 연설은 그 두 가지 위협을 서로 긴밀히 연결하려는 의도를 가지고 있었다. "우리가 가장 두려워하는 일은 무법한 정권이 테러리스트들에게 대규모 살상 기술을 지원하여 테러리스트들이 그들의 미친 야망을 실현하는 지름길을 발견하는 것이다. 우리는 한 장소 — 즉, 한 정권 — 에서 가장 치명적이고 공격적인 형태를 띤 — 정확히 유엔의 존재 이유이자 유엔이 대처해야 할 — 온갖 위험을 찾아낼 수 있다."[65]

행정부는 국제법과 다자주의를 준수하겠노라고 되풀이하여 확언했지만, 이는 좋게 보아야 조건부였다. 우선 행정부는 자기 방어 목적의 선제공격을 허용하는 방향으로 전쟁법laws of war[국제인도법이라고도 하며, 전쟁 또는 무력 충돌 상황에서도 보장되어야 하는 권리와 인권을 규정함으로써 인간의 생명을 보호하고 존엄성을 보장하려는 국제법이다. 유엔 헌장의 일부, 제네바 협약, 헤이그 협약, 오타와 협약, 국제형사재판소 규정 등의 국제 조약과 관행에 의한 관습법을 통칭한다]을 수정할 것을 요구하였다. "위협이 클수록 행동하지 않는 데 따르는 위험은 더욱 커진다 — 그리고 우리 자신을 방어하기 위해 선제 행동을 취해야 할 필요성도 더더욱 커진다. 적의 공격 시기와 장소가 아직 불확실하더라도 이 점은 변치 않는다."[66] 유엔 헌장 관련 조항의 수정안이 총회에서 필요한 3분의 2 이상 과반수의 동의를 얻을 가망이 적었기 때문에, 그들은 이라크에서 전쟁을 일으키고 예멘에서 알카에다 조직원을 사법 처리를 거치지 않고 사살하는 등, 선제 행동이라는 새로운 전례를 만듦으로써 — 다시 말해 법을 위반함으로써 — 국제 규범을 바꿀 작정이었다. 둘째로 "정권 교체"라는 개념은 어떻게 보건 간에 주권 및 불간섭의 원칙에 대한 분명한 위반이다. 이 원칙은

1990년대에 이미 "인도주의적 개입"이라는 이름으로 도전에 직면한 바 있는데, 행정부는 이라크의 정권 교체를 보스니아나 코소보에 대한 개입과 비슷한 것으로 보이게 하려고 안간힘을 썼다. 셋째로 유엔 안보리의 집단 안보 절차에 대해 행정부가 보인 태도를 보면, 안보리가 미국의 국제 평화 · 안보 규범을 승인하지 않는다면, 안보리는 정당하지도 유효하지도 않다는 뜻으로 비친다. 앞으로 보겠지만, 미국은 자기 행동을 정당화할 필요성이 있어서 이러한 공식적인 절차에 이끌려 나오지만, 일단 여기에 참여하고 나면 결정적인 방식으로 운신의 폭이 제한되기 마련이다. 그러나 이것이 독재가 아닌 협상에 의해 결정이 내려지는 심의회라는 현실을 행정부가 부인하려 몸부림친다는 사실은 여전하다. 마지막으로, 행정부는 국제 조약이 자신의 전략을 구속한다면 언제든지 내버릴 준비가 되어 있다. 예를 들어, 행정부는 불량 국가나 테러리스트에게는 전통적 억지 논리가 통하지 않는다고 주장하며, "스타워즈의 아들"이라는 적절한 별명이 붙은 국가 미사일 방어 체계를 구축하기 위해 러시아와 맺은 탄도 미사일 방어 조약에서 탈퇴하였다.

결론

우리는 국가 정책을, 객관적인 국익을 실현하는 가장 효율적

인 수단을 공식화한 합리적인 구조물로서 생각하기를 좋아한
다. 그러나 사실 이런 경우는 드물다. 정책 결정권자들은 신구
의 도전에 어떻게 대응할 것인지를 규정하는 이데올로기적·
규범적 신념을 지니고 있다. 이것들은 의식적일 때도 있고, 그
렇지 않을 때도 있다. 모든 국가에는 국익이 무엇인가라는 논
쟁의 틀을 규정하는 정치 문화가 있으며, 이 정치 문화에 비추
어 보았을 때 어떤 목적과 전략은 지극히 당연하고 또 어떤 것
은 상상도 할 수 없다. 역사는 지속적인 패턴 — 이 패턴은 눈
에 띄기도 하고 숨어 있기도 하다 — 을 창출하는 구조적 특징
을 지니고 있으며, 놀라운 우연성으로 가득 차 있다. 부시 행
정부에 큰 영향력을 행사하는 '새로운 미국의 세기를 위한 기
획'의 멤버들의 시각으로 보면, 부시 독트린은 의심의 여지없
이 합리적인 구조물이다. 그러나 한두 걸음 물러서서 보면, 그
들의 사고방식의 승리에는 레이건 시대까지 거슬러 올라가는
오랜 이데올로기적 신념의 표시 — 미국 예외주의라는 뿌리
깊은 정치-문화적 개념, 민주주의의 사명, 세계 질서의 감독을
통한 안보 유지, 그리고 역사적 사건들의 우연한 합류 — 가
내재되어 있다.

그 결과물로 창출된, 미국의 권력에 대한 이데올로기를 나
는 "우위의 이상주의"라고 명명하였다. 물론 미국의 물질적
우위라는 사실에는 이상주의적인 요소가 없다. 그러나 우위에
관한 행정부 담론의 이상주의적 측면은 분명히 드러내야 한
다. 물론 모든 이데올로기에는 이상주의적 차원이 있으며, 만
약 그렇지 않다면 상상력을 지배하고 행동을 고무해 내지 못

할 것이다. 그러나 부시 독트린의 이상주의는 좀 다른 방향을 취하고 있다. 물질적 권력만 압도적이면 아무 문제없이 정치적 영향력을 발휘하고 원하는 정치적 결과를 낳을 수 있다는 생각은 이상주의적이다. 자신의 가치가 보편적이고, 합리적인 인간이라면 다 그렇게 생각할 것이라고 상상하는 것도 이상주의적이다. 또 그러한 가치에 근거하여 세계 체제를 변화시키는 기획을 아무 저항 없이 추진할 수 있다고 믿는 것도 이상주의적이다. 이러한 생각들은 미국이 전 지구의 다양한 사회 · 정치적 삶의 바깥에 혹은 우위에 있다고 가정하거나, 혹은 그러한 사회 · 정치적 삶이 지니는 자율성을 부인한다. 이는 그 무엇보다도 이상주의적이며, 궁극적으로 자멸적인 태도임이 입증될 것이다.

2. 권력의 연금술

"우위의 이상주의"에는 권력에 대한 이론이 내재되어 있다. 어떤 깊이 있는 사회과학적 의미의 — 핵심 전제와 검증 가능한 가설을 갖추었으며 법칙성을 띤 일반화를 염두에 둔 — 이론이 아니라, 현대의 세계 정치라는 사회적·정치적 우주에 질서를 부여하며, 특정한 형태를 띤 미국의 대외 정책에 시금석과 준거점을 제공하는 어느 정도 세련된 가정들의 모음이라는 의미에서의 이론이다. 앞 장에서 소개한 신보수주의적 논객들은 미국의 패권의 두 번째 세기를 맞으면서 미국의 르네상스가 펼쳐지는 것을 옹호하고 있다. 그들은 미국의 정책 결정권자와 대중들을 일깨워 미국의 우위라는 단순한 사실에, 그러한 우위가 제공하는 역사적 기회에, 고립주의 혹은 잘못된 다자주의의 심각한 위험에 눈을 뜨게 하려고 한다. 이 기획의 특이한 요소는 권력에 대한 독특한 견해이다. 즉, 권력을 행위자의 "소유물"로 — 비길 데 없는 물질적 자원과 이데올로기적·문화적 유인력으로부터 아무 문제없이 흘러나오는 물건으로, 자신이 보편적이라고 주장하는 가치를 추구하려는 목적으로 행사하기만 하면 "도덕적인" 것으로 — 취급하는 것이다.

이 장의 목적은 두 가지이다. 첫째, 우선 권력과 패권의 개념에 대해 간략히 논의한 뒤, 신보수주의적 권력 이론의 주요 측면을 정리할 것이다. 이 이론의 전제는 중요한 세 가지 면에서 결함을 지니고 있다. 즉, 이 이론은 물질적 자원과 이데올로기적 · 문화적 특징이 무조건 "권력을 부여"하며, 자기 행동의 정당성을 자기가 스스로 부여할 수 있으며, 문화적인 유인력이 무조건 정치적 영향력과 순종으로 이어진다고 전제한다. 둘째, 이 장에서는 하나의 대안, 즉 권력과 패권에 대한 "사회적" 개념을 제시할 것이다. 여기서 나의 주된 주장은, 모든 정치권력은 사회적 교환과 상호 구성의 그물 속에 내재되어 embedded 있으며, 안정된 정치권력 — 단기적 강압이나 뇌물에서 벗어나, 구조적으로 당연하게 받아들여지는 권력 — 은 궁극적으로 정당성에 근거하며, 제도와 기구가 그러한 권력의 지속성 여부에 중요한 구실을 한다는 것이다. 이 모든 개념은 "패권의 역설"을 가리키고 있는데, 이는 다시 말해 권력을 안정시키려면 그것을 제도화하는 과정이 필수적이며, 이 과정에서 결국 "강자"로부터 어느 정도의 자율성을 갖추고, 적어도 일부분 "약자"의 행위 능력을 증대하는 사회적 구조물이 형성된다는 뜻이다.

권력에 대한 두 가지 개념

윌리엄 코널리William Connolly가 말한 대로, 권력power(힘)은 가치를 함축하고 있으며, 내재적으로 복합적이고 다양한 해석에 열려 있는, "본질적으로 경합하는 개념"이다.[1] 여기서는 이 경합을 결판 짓는 시도는 하지 않을 것이다. 그것은 이 작은 책의 범위를 벗어나는 일이기도 하고, (앞의 정의상) "본질적으로 경합하는" 개념은 범주적 정의를 허용하지 않기 때문이기도 하다. 나의 목적은 보다 소박하게, 권력에 대한 두 가지 개념을 구분하고, 그중에서 (비록 다양한 철학적 비판에 취약하기는 하지만) 설득력 있는 한 가지를 옹호하는 것이다.

배리 힌디스Barry Hindess는 "단순한 능력으로서의 권력"과 "정당한 능력으로서의 권력"이라는 두 가지 개념을 대조하였다.[2] 이 두 개념은 순수하게 추상적인 형태를 띠고 서로 뚜렷이 구분되는 특징을 보이므로, 우리는 여기에 신보수주의 권력 이론과 나의 "사회적" 대안이라는 두 가지 개념을 적용해 볼 수 있다. 단순한 능력으로서의 권력(힘)이라는 첫 번째 개념은 흔히 쓰이는 용법과 비슷하다. 세계 신기록을 깬 운동선수의 신체적인 힘이나 물리학의 난제를 풀어 낸 과학자의 지적인 힘 등을 말할 때, 우리는 바로 이런 힘을 떠올린다. 또 사회적 또는 정치적 권력을 말할 때 이런 힘을 떠올리기도 한다. 하지만 여기서는 어떤 행위자가 다른 행위자의 기호嗜好 또는 행위를 포섭하거나 유도하거나 이용하거나 변화시킴으로써 자신의 목표를 실현하는 힘을 말한다.

이러한 권력 개념은 독특한 여러 특징을 지니고 있다. 우선 이것은 소유물이다. 즉, 권력을 행위자가 소유하고 있으면서 개인적으로 부릴 수 있는 유형有形의 자원이라고 상상한다. 그래서 우리는 대통령이나 수상이 가진 권력, 국제 관계에서 미국이나 호주가 가진 권력 등등에 대해 이야기하는 것이다. 둘째, 권력에 대한 이러한 시각은 근본적으로 **물질적인 성격**을 띤다. 특히 국가 간 관계에서, 사람들은 총과 돈이야말로 본질적인 권력의 근원이라고 생각한다. 고전적 현실주의의 대가인 한스 모겐소Hans Morgenthau는 지정학, 자연 자원, 산업적 역량, 군사적 준비 태세, 인구를 국력의 핵심 요소로 열거하였다. 그보다 덜 유형적인 요소로 외교, 지배와 이데올로기의 자질도 언급하였지만, 이 역시 물질적 자원과 같은 부류로 취급하여 국제 권력의 저울로 무게를 달고 계량화할 수 있는 것처럼 논의하였다.[3] 셋째, 단순한 능력으로서의 권력 개념은 주관적 *subjective*이다. 다시 말해서 이데올로기나 가치나 신념 같은 권력의 소위 "유연한" 측면조차 단일 행위자나 단일 주체의 속성으로 여겨지지, 상호 주관적인 실체를 지니고 있다고 보지 않는다. 마지막으로 이는 앞서의 특징에서 유래한 것인데, 권력에 대한 이러한 생각은 **비사회적***non-social*이다. 즉, 권력은 개인 행위자의 소유물이므로, 행위자 사이의 능력의 분배나 세력 균형 등은 주어진 사회 체제의 특징으로 볼 수 있지만, 그 사회의 과정, 규범, 제도, 구조 등은 (깊이 있거나 의미 있는 차원에서는) 권력을 구성하는 요소로 여기지 않는다.

권력을 정당한 능력으로 보는 두 번째 개념은 앞서 설명한 것과 확연히 다르다. 일반적으로, 여기서는 권력에 "행동할 능력뿐만 아니라 행동할 권리도 포함되며, 이 능력과 권리는 권력의 행사가 미치는 이들의 동의에 근거한다"[4]고 본다. 권력에 대한 이러한 관점의 가장 유명한 표현은 아마도 국가가 "물리력의 사용을 합법적으로 독점한다"[5]고 한 막스 베버의 생각일 것이다. "권리"와 "정당성"이라는 개념 덕분에, 이런 식의 권력 이해는 독특한 몇 가지 특징을 지닌다. 첫째, 이것은 소유보다 관계를 중시한다. 권력은 원자적 개인인 행위자가 "소유"하는 것이 아니라 관계 속에서만 얻을 수 있는 것이다. 즉, 행위자가 다른 행위자와의 관계 안에서 변화를 추구할 때에만 권력을 가졌다거나 가지지 않았다고 말할 수 있으며, 그들이 동원한 (물질적 혹은 비물질적) 자원은 관계적 맥락 안에서만 의미나 중요성을 띨 수 있다. 둘째, 권력에 대한 이러한 관점은 주로 관념적인 성격을 띤다. 즉, 권력이 물질적 능력의 분배에 의해서만이 아니라, 보다 근본적으로 사회 제도에 의해 구성된다고 본다. 여기서의 사회 제도란 규범, 규칙, 원칙, 의사결정 과정 등의 복합체로 폭넓게 해석할 수 있다. 셋째, 권력을 정당한 능력으로 보는 생각은 상호 주관적*intersubjective*이다. 즉, 관념적 요소에 구성적 우위를 부여할 뿐만 아니라, 이것을 특정 행위자가 소유한 상품으로 취급하기를 거부한다. 이데올로기는 개인 행위자들끼리 공유하는 의사소통 영역 안에 존재하므로, 사람들이 믿지 않는 이데올로기는 무력하다. 마지막으로, 위에서 지적했듯이 권력에 대한 이 두 번째 시각은 본래부터 **사회적**이다. 사회적 · 정치적 권력은 단순히 한 명 이상의 행위자가 존재한다고 해서 생겨나는 것이 아니라, 사회의 규정적 관습과 제도의 산물이다.

이렇게 권력에 대한 서로 다른 시각은 패권에 대해서도 서로 다른 견해로 이어진다. 가장 일반적인 의미에서, 패권은 국제 체제에서 한 나라가 다른 나라에 대해 지니는 리더십을 의미한다. 이는 주로 패권을 쥔 국가가 "국가 간 관계를 지배하는 기본 규칙을 정할 만큼 강력하며, 또 그럴 의지를 지녔다"[6]는 뜻으로 해석되곤 한다. 그러나 여기서 두 가지 질문이 제기된다. 단순한 능력으로서의 권력의 행사는 패권의 충분조건인가, 아니면 다른 것이 더 필요한가? 여기서 규칙을 명령으로 이해할 것인가, 일종의 사회적 규범으로 이해할 것인가? 권력에 대한 첫 번째 관점은 패권에 대해서도 전자 쪽의 이해 방식으로 기울어진다. 이는 투키디데스의 『펠로폰네소스 전쟁사』에 등장하는 아테네 장군들의 주장 — "강자는 자기가 할 힘을 가진 일을 하는 것이며, 약자는 자기가 수용해야만 하는 일을 수용하는 것이다."[7] — 과 같은 이해 방식이기도 하다. 권력에 대한 두 번째 관점은 패권에 대한 또 다른 견해 — 패권은 규범에 의해 정의되며, 사회적으로 허용된 지위라는 — 에 가깝다. 이는 안토니오 그람시의 저작에 드러난 관점과 동일하다. 로버트 콕스Robert Cox의 말에 따르면, "비패권적 질서에서는 서로 드러내 놓고 경쟁하는 권력이 존재하며 그 어떤 권력도 지배의 정당성을 수립하지 못하는 데 비해, 세계 질서의 패권 구조에서 권력은 주로 합의된 형태를 취한다."[8]

권력과 패권에 대한 이상의 추상적 개념을 숙지한다면, 다음 논의로 넘어갈 수 있다. 신보수주의의 권력 이론도, 나의 대안적 이론도 이 같은 추상적 개념의 단순한 표현이 아니라 기본 테마의 변주이다. 그러나 이 두 개념을 준거점으로 확립해 놓으면, 무엇이 다르고 무엇이 일치하는지를 조명하는 데 유용한 수단이 될 수 있다.

신보수주의의 권력 이론

1장에서 보았듯이, 신보수주의자들은 미국이 지닌 권력을, 중요한 국익을 지키고 세계 평화와 안보와 복지를 증진할 수 있는 독특한 자질로서 받아들여야 한다고 주장한다. 콘돌리자 라이스는 2000년 『포린 어페어』에 기고한 논문에서, 많은 미국인들이 "권력 정치, 강대국, 세력 균형 등의 개념에 대해 불편해"한다고 비판하였다. 이러한 불편한 감정은 클린턴의 대외 정책에 구체화되어, "대신에 국제법과 국제 규범에 대한 무조건적인 호소, 권력의 정당한 행사를 위해서는 많은 국가들의 ─ 혹은 유엔 같은 제도의 ─ 지지가 중요하다는 믿음"을 불러일으켰다. 그래서 타 강대국들이 안정을 해치거나, "규모, 지정학적 위치, 경제적 잠재력, 군사력… 등을 동원하여 미국의 복지에 좋은 쪽으로든 나쁜 쪽으로든 영향을 끼칠 능력이 있음을" 순진하게 무시하는 결과를 초래했다는 것이다. 21세기 초입에 미국은 자신이 비길 데 없는 권력을 지닌 "남다른 지위를 점하고 있으며," "역사의 옳은 편에 서 있음을"[9] 발견 했다.

　권력의 언어에서 한 가지 흥미로운 점은, 권력이 "본질적 으로 경합하는" 개념임에도 불구하고 정치가들은 그것이 의 심의 여지없이 옳은 단 하나의 의미만을 지니는 것처럼 이야 기한다는 점이다. 라이스와 그녀의 신보수주의 동료들은 두 가지 추상형 중에서(몇 가지 중요한 점에서 일탈하기는 하지만) 첫 번째 것에 가까운 권력 개념을 정립하였다.

　우선 그들은 단일한 원자적 행위자인 미국이 권력을 소유 물이자 상품으로서 "가지고 있다"는 고전적인 개념을 제시하 였다. 이는 찰스 크라우트해머가 일찍이 "단극의 순간"을 찬 양하면서 분명히 드러났다. 그는 "미국의 탁월함은 미국이 세 계 어느 곳에서건 개입하기로 마음만 먹으면 결정적인 행위자 가 될 정도의 군사적 · 외교적 · 정치적 · 경제적 자산을 보유 한 유일한 나라라는 사실에 근거한다"[10]라고 썼다. 그로부터 십여 년 뒤, 스티븐 브룩스와 윌리엄 월포스는 "오늘날 미국이 점한 우위가 단극 체제를 이루지 않는다면 무엇을 단극 체제 라고 할 수 있으랴"[11]라며, 크라우트해머의 선견에 찬사를 보 냈다. 그들은 "현대 국제 정치사에서 그 어떤 나라도 미국의 군사적 월등함에 근접하지 못했으며," 그 경제적 지배 또한 "현대사에 나타난 그 어떤 강대국도 능가하며," 미국은 "세계 를 이끄는 기술 강국"이라고 주장했다. 간단히 말해서 "미국 은 중요한 그 어떤 권력의 차원에서도 적수가 없다."[12] 권력을 소유로 보는 관점은, "미국의 국가 안보 전략"의 첫 문장에서 "미국은 세계에서 전례가 없는 — 그리고 필적할 바 없는 — 힘과 영향력을 소유하고 있다"[13]라고 선언하는 데서 분명히 드러나듯이, 부시 행정부의 대외 · 국방 정책을 떠받치고 있다.

권력을 소유로 보는 생각은 그 본질상 계량적이다. 한 국가의 권력은 다른 국가의 권력과 비교하여 측정하고 무게를 달 수 있는 상품 혹은 자원으로 취급된다. 이렇게 상품화된 권력은 "주로 물질적인" 형태를 띤 권력으로 이어진다. 비물질적인 권력 자원 — 이를테면 가치, 문화, 정체성 등 — 은 계량화하기 힘들다는 것이 주지의 사실이기 때문이다. 그래서 신보수주의자들이 미국의 권력 자원을 표준 목록으로 만들고, 그중에서 군사 · 경제 · 기술적 우월성에 특히 긍지를 부여하는 것이다. 총과 돈은 미국의 권력의 기반이며, 기술적 우위는 총과 돈 모두를 급속 충전할 수 있는 수단이다.[14] 그러나 신보수주의의 권력 이론이 주로 물질적이라고 해서, 이들이 이렇게 소위 "하드" 파워의 자원만을 강조한다는 뜻은 아니다. 분명히 "소프트" 파워의 자원에도 상당한 무게를 두지만, 이것들도 마치 물질적 자원 — 계량화하고 무게를 달 수 있는 상품 — 인 것처럼 논의한다는 얘기다. 1장에서 지적한 것처럼, 신보수주의자들은 미국 "문화"가 중요한 권력 자원이며, 이를 이용하여 미국이 세계인들의 환심을 사서 전 지구적 차원의 이익을 추구할 수 있다는 신자유주의의 주장을 원용하였다. 여기서 특히 강조하는 것은 미국의 보편적 가치 — 특히 자유,

민주주의, 자유 기업 — 이다. 이것들은 문화와 시대를 막론하고 어디에나 적용할 수 있으며, 모든 사람들이 이해할 수 있고 갈구한다는 두 가지 의미에서 보편적인 가치로 이해된다. 그러나 이렇게 보편적인 측면이 있는데도, 이러한 가치 역시 다른 나라의 문화 상품과 비교하여 계량화할 수 있는 미국적 상품으로 취급된다. 이러한 가치가 미국의 생산품이며, 오로지 미국을 통해서만 재생산되고 해석되고 의미를 지닐 수 있다는 것은 확고부동한 전제이다. 다른 국가나 사람들은 창조적인 문화적 행위자가 아니라, 다만 이를 감사히 받아들이는 수혜자로 묘사된다.

앞에서 열거한 신보수주의 권력 이론의 특징을 보면 그 속에 "주관성subjectivity"이 내재되어 있음을 알 수 있다. 물론 자기 서사self-narrative가 행위자의 정체성을 구성하고 투사하는 데 성공하느냐 여부는 그것이 객관성의 외피를 덮고 있느냐에 달려 있기는 하지만, 일단 그것은 모두 주관적이라고 볼 수 있다. 그러나 신보수주의 권력 이론은 그와 다른 의미에서도 주관적이다. 즉, 물질적 권력 자원을 주관적인 견지에서, 다시 말해 특정한 행위자의 속성이나 소유물로 취급하곤 한다. 77페이지에서 보겠지만, 나는 이러한 이해 방식에 대해 회의적이다. 하지만 지금은 일단 신보수주의가 비물질적 권력 자원을 주관적인 관점에서 취급하는 보다 논쟁적인 방식에 집중하려고 한다. 자유, 민주주의, 자유 기업은 보편적인 동시에 주관적인 가치로 — 즉, 한편으로는 선험적이고 합리적인 것이면서, 다른 한편으로는 미국적인 것으로 — 제시된다. 이것은 모든 문명화된 이데올로기의 표준적 특성이지만, 사회적 가치의 본성 및 기능에 대해 우리가 알고 있는 모든 것들과 모순된다. 이러한 가치들이 미국에서 발생했으며, 미국이 이 가치를 전 세계에 전파한 장본인인지는 몰라도 — 유럽 및 과거 식민지 국가 사람들은 이런 주장에 대해 당연히 반발하겠지만 —, 이들 가치가 미국의 정체를 벗어난 곳에 사회적으로 정착된 순간, 그것은 주관적인 가치가 아니라 상호 주관적인 가치로 보아야 한다. 그리고 그 상호 주관적인 성격을 인정한다는 것은, 곧 타 정체 및 사람들이 그러한 가치를 정립하고 재생산하고 변화시킬 행위 능력을 지니고 있음을 인정하는 것이다. 하지만 이를 인정하게 되면 권력 이론은 매우 복잡해져서 그 이데올로기적 유용성이 떨어지게 된다.

이쯤 되면 신보수주의의 권력 이론이 두드러지게 비사회적인 성격을 띠고 있음이 분명해졌을 것이다. 즉, 미국의 권력은 국제 사회를 구성하는 힘과 과정과 제도로부터 독립적으로 존재한다고 여겨진다. 국제 사회에 대한 학자들의 견해는 다양하지만, 국가가 국제 사회에 참여함으로써 국가의 기본적인 이익과 능력이 변화를 겪거나 재규정된다는 생각만은 동일하다. 다시 말해 국가의 정체성과 이익과 권력은 사회적 규칙과 규범에 의해 구성된다는 것인데, 이는 국제 사회에 대한 구성주의자들의 최근 저작에서 가장 강하게 드러나지만 "영국학파English School"의 다원주의자와 연대주의자, 그리고 신자유제도주의자들의 글에서도 비슷한 시각을 찾아볼 수 있다. 예를 들어, 로버트 코헤인은 국제 사회의 제도와 기구들이 행위를 제약할 뿐만 아니라 "행동 역할을 지시한다"[15]는 사실을 인정한다. 그러나 미국의 권력에 대한 신보수주의자들의 글에서는 국제 사회의 개념에 대해 이와 비슷한 관점을 찾아볼 수 없다. 크라우트해머는 "오늘날 우리에게 있는 것은 사이비 다자주의이다. 즉, 지배적인 강대국은 기본적으로 홀로 행동하는 법이지만, 그러한 생각에 난처해하며 여전히 집단 안보의 전당에 예배를 드리고 있다. 여기서 배를 빌리고, 저기서 군대를 빌리고, 여기저기서 축복을 빌리면서 일방주의적 행동에 다자주의적 광택을 내려고 한다"[16]라고 주장하면서 국가들의 사회 society of states의 존재를 부인하였다. 라이스도 비슷한 입장을 취하여, "많은 나라의 — 또는 유엔과 같은 제도의 — 지원이 권력의 정당한 행사에 필수적"[17]이라는 개념을 부정하였다. 그녀의 관점에 따르면, 그러한 정당성을 보장해 주는 것은 상상의 국가 공동체의 승인이 아니라 미국의 국익과 객관적인 보편적 가치이다.

미국의 권력에 대한 상기의 관점을 현실주의적 견해로 치부하고 싶지만, 이 점은 고전적 또는 신현실주의적 사고에서 상당히 이탈한 것이다. 모겐소가 규정한 정치적 현실주의의 다섯 번째 원칙은 다음과 같다.

정치적 현실주의는 특정한 국가의 도덕적 포부를 보편적 도덕 법칙과 동일시하지 않는다. … 모든 국가는 그들 자신의 포부와 행동에 보편적인 도덕적 목표를 덧칠하려는 유혹을 느끼며, 그러한 유혹에 오래도록 저항하는 국가는 드물다. 국가들이 도덕 법칙에 종속된다는 사실을 아는 것과, 국가들 간의 관계에서 무엇이 선과 악인지를 확실히 아는 척하는 것은 전혀 다른 문제이다. 모든 나라가 인간이 측량할 수 없는 신의 심판 앞에 놓여 있다는 믿음과, 신은 항상 우리 편에 있으며 우리가 하고자 하는 일이야말로 신의 뜻이라는 불경한 확신 사이에는 엄청난 차이가 있다.[18]

신보수주의자들이 미국의 국익과 인류의 이익을 동일시하고, 나아가 자신들이 정당성을 타고났다고 전제하는 것은 이러한 정치적 현실주의의 원칙에 위배될 뿐 아니라, 권력에 대한 그들의 견해가 지닌 중요한 특징 — 이것이 권력의 이론인 동시에 권력의 이데올로기라는 사실 — 을 전면에 드러낸다.

세 개의 아킬레스건

1980년대 후반, 폴 케네디는 권력 극대화 전략이 제 기능을 못하는 결과로 모든 강대국이 궁극적으로 스스로 쇠퇴의 길을 걷는다는 도발적인 생각을 제기하였다. 케네디가 보기에 문제는 물질적인 것이었다. 당시의 미국을 비롯한 강대국들은, 경제가 상대적인 내리막길을 걷는 시점에 제국의 유지비용이 상승하는 구시대의 덫에 걸린다는 것이다. 다른 말로 하면, 권력을 끌어올리기 위해 강대국이 채택하는 전략은 실제로 그것을 잠식시키는 데 이바지한다는 것이다.[19] 케네디의 주장에서 취

할 점이 무엇이든 간에 — 그리고 아직은 그 점을 판단하기에
는 너무 이른 시기이다 — 오늘날에도 비슷한 주장을 할 수 있
다. 다만 이번에는 물질이 아니라 사고방식에 초점을 맞춘다
는 점이 다르다. 이 책의 중심 테마는 현재 미국 정부를 지배
하고 있는 권력 이론 자체가 제 기능을 못하고 있다는 것이다.
이유는 그 전제가 잘못되었기 때문이기도 하고, 이론이 현실
세계와 맞지 않기 때문이기도 하다. 이 권력 이론이 현실 세계
와 맞지 않는 점에 대해서는 3장에서 논의할 것이다. 지금은
이 이론에서 문제가 되는 세 가지 전제를 살펴보기로 한다. 이
전제들의 심한 비논리성과 자기만족과 쇼비니즘은, 독단적이
고 궁극적으로 반생산적인 권력 극대화 전략을 부추기는 역할
을 한다.

세 가지 문제적 가정 중 첫 번째는 (물질적 혹은 유사 물질
적 자원과 동일시되는) 미국의 권력과 그 정치적 영향력 사이
의 관계에 대한 신보수주의적 견해이다. 신보수주의자들이 구
사하는 수사를 그대로 믿는다면, 이 두 가지는 단순한 인과관
계에 놓인다. 다시 말해 우위가 영향력을 낳는다. 이러한 주장
을 뒷받침하는 증거는 거의 제시되지 않으며, 주장은 주로 수
사의 힘에 의존한다. "이렇게 압도적인 권력 자원이 어떻게 정
치적 결과에 체계적인 영향을 미치지 않을 수 있단 말인가!"
확실히 이 전략은 홍보 면에서 성공을 거두었다. 그러나 현대
의 국제 정치학에 비추었을 때, 미국의 우위가 무조건 정치적
영향력을 낳는다는 가정은 틀렸다. 미국은 그토록 천부적인
자산을 지닌 나라치고는 상당한 정도의 외교적 실패를 경험하

고 있다. 거의 모든 쟁점 영역에서 완력 쓰기를 주저하지 않는
행정부는 성가실 정도로 자율적인 견해와 집요한 저항을 포기
하지 않는 세계와 부딪치고 있다. 현실에서 날것 그대로의 권
력 자원과 정치적 결과의 통제력 사이의 관계는 희미한 것 같
다. 이 점이 맞다면, 국가의 영향력을 창출하는 다른 요소를
무시하고 물질적 자원에만 초점을 맞춘 권력 이론은 이러한
결과를 설명하는 데 거의 도움이 되지 못하며, 국가 정책에 올
바른 지침을 제공하지도 못한다.

　이 문제는 66페이지에 인용한 브룩스와 월포스의 논문에
잘 제시되어 있다. 이 논문은 미국 우위의 찬양에 대부분을 할
애하고 있다. 앞서 인용한 대로, "미국은 중요한 그 어떤 권력
의 차원에서도 적수가 없으며," 따라서 "오늘날 미국의 대외
정책은 (현대사에 등장한 그 어떤 강국에 비해서도) 필요보다
선택의 차원에서 작동한다"[20]는 것이다. 그런데 그들은 논문
의 마지막 페이지에서 흥미로운 고백을 하고 있다. 즉, 권력은
자동적으로 영향력을 창출하지 않으며, "궁극적으로 가장 가
치 있는 것은 권력이 아니라 영향력"[21]임을 폭로하고 있는 것
이다. 권력을 무절제하고 일방적으로 행사한다면 미국의 영향
력은 잠식될 것이며, "미국이 다른 나라로부터 이끌어 낼 수
있는 자발적인 협력의 합이 줄어들 가능성이 높고, 따라서 결
국에는 일을 하기가 예전보다 힘들어질 것이다." 그러면 "미
국 혼자 힘으로 해결할 수 없는 여러 문제들 — 그중 일부만
들더라도 환경, 질병, 이주, 세계 경제의 안정성 등"을 제기하
기도 더욱 힘들어질 것이다. 브룩스와 월포스는 "아량magna-

nimity"이야말로 영향력의 열쇠라고 주장한다.『옥스퍼드 영어 사전』에서는 이 말을 "관대함generosity"이라고 정의하고 있다. 그러나 그들이 말하는 뜻은 이익을 서로 재협상하는 타협 compromise에 보다 가깝다. 미국은 "자신의 특수한 이익만이 아니라 다른 나라의 이익에도 관심이 있음을"[22] 보여 줄 필요 가 있다. 권력은 사회적 맥락 속에 있을 때에만 그 "영향력"을 발휘한다. 물론 문제는 신보수주의의 권력 이론이 이러한 사 회적 세계에 대해 우리에게 — 그리고 미국의 정책 결정권자 들에게 — 아무 말도 하지 못한다는 것이다.

두 번째 문제적 가정은 정당성legitimacy에 대한 신보수주 의적 시각이다. 사실 이 이론은 정당성에 대해 어떤 시각 자체 를 가지고 있지 않기 때문에 얼핏 보면 문제는 정말 간단해 보 인다. 보이는 것이라고는 미국의 우위라는 맹목적인 사실뿐이 다. 그러나 좀 더 가까이 다가가 관찰해 보면 — 비록 그것이 위험할 정도로 큰 결함을 지니고 있기는 하지만 — 신보수주 의자들도 정당성의 개념을 정립해 놓았다. 그들 입장의 핵심 은, 미국의 정책과 실행이 정당한 이유는 국제 사회가 그렇게 인정해서가 아니라, 미국의 국익이 보편적이며 모든 세계인의 필요와 이상에 부응하기 때문이라는 것이다. 70페이지에서 지 적한 대로, 라이스는 2000년 『포린 어페어』에 기고한 논문에 서 이러한 관점에 목소리를 보탰다.

미국이 다른 누군가 혹은 무엇을 대신하여 권력을 행사하는 경우에 만 그것이 정당하다는 믿음은 윌슨주의적 사고방식에 깊이 뿌리를 두고 있으며, 이는 클린턴 행정부에서 강한 공명을 얻었다. 모든 인류에게 혜택을 주는 일을 한다고 해서 나쁠 것은 없지만, 그것은 어떤 의미에서 부차적인 결과이다. 미국의 국익 추구는 자유, 시장, 평화를 증진하는 조건을 창출한다. 2차 세계대전 이후 미국이 국익을 추구하는 과정에서 보다 민주적이고 번영하는 세계가 탄생하였다. 이는 다시금 반복될 수 있다. … 미국적 가치는 보편적이다.[23]

이러한 생각은 부시 행정부의 정책과 실행에 그대로 적용되었으며, 이라크에 대한 군사 행동에서 가장 노골적으로 드러났다. 부시 행정부는 유엔 안보리의 지지를 미국의 전략의 정당성을 확보하는 기준으로 삼는 대신에, 미국의 전략에 순응하느냐 여부를 유엔의 정당성을 시험하는 수단으로 삼음으로써 형세를 역전시키려 했다. 물론 그 전제는 미국 국익의 보편성에 근거하여 미국의 전략이 이미 정당하다는 것이다.

정당성에 대해 이런 식으로 이해하면 심각한 문제가 발생한다. 첫째, 앞 장에서 지적했듯이, 미국의 가치와 이익이 보편적이며 따라서 정당하다는 시각은 분명히 이상주의적이며, (자유, 민주주의, 자유 기업의 가치를 비롯한) 모든 가치를 규정하고 동원하기 위한 배후에 필연적으로 존재하는 정치학을 부정하고 있다. 둘째, 이 점은 좀 더 심각한 측면인데, 정당성에 대한 신보수주의의 시각은 거의 망상에 가깝다. 자신의 정책과 실행에 대해 스스로 정당성을 부여하고 그것을 아무리 주장한다 해도 타인들이 믿지 않으면 아무 소용이 없다. 심각한 정통성의 위기를 겪은 찰스 1세와 루이 16세도 처형되는 순간에는 둘 다 신 앞에서 자신의 정통성을 주장했다. 스스로 정당성을 주장하며 힘으로 밀어붙이더라도 실제로 정당성의 사회 정치학을 대신하거나 회피할 수는 없다. 마지막으로, 설사 다른 나라와 사람들이 미국의 가치와 기본적 국익 — 자유, 민주주의, 자유 기업 등 — 의 보편성을 받아들이고 그러한 가치의 의미에 동의하더라도, 무조건 미국의 정책과 실행이 정당하다고 생각하는 것은 아니다. 가치, 정책, 전략, 전술과 실행 사이의 관계는 언제나 희미하며, 사람들은 그 희미함을 꿰뚫어보고 그에 따라서 판단하는 놀라운 역량을 지니고 있다. 이 문제의 함의는, 신보수주의적 권력 이론에 담긴 정당성 개념의 세례를 받은 미국의 정책 결정권자들이 실제적이고 피할 수 없는 정당성의 국제 정치를 보지 못하게 된다는 것이다.

신보수주의의 권력 이론에 통합된 세 번째 문제적 가정은 미국의 문화적 유인력이다. 이 유인력 또한 미국의 주요 권력 자원 중 하나라는 것이다. 전 세계인들이 미국의 대학 교육, 영화, 패스트푸드, 음악, 패션, (그리고 물론) 가치를 동경하면서, 안 그래도 대단한 미국의 정치적 영향력은 더욱 증대된다. 조셉 조프Josef Joffe의 말에 따르면,

미국의 "소프트 파워"는… 그 경제적·군사적 자산보다도 오히려 더욱 크게 다가오고 있다. 미국 문화는 고급과 저급을 막론하고, 로마 제국 이래 가장 강력한 힘을 가지고 — 동시에 과거와는 다른 새로운 방식으로 — 외부로 확산되고 있다. 로마와 소비에트 러시아의 문화적 영향력은 그들의 군사 경계선을 넘지 못했다. 그러나 미

국의 소프트 파워는 절대로 해가 지지 않는 제국을 지배하고 있다.[24]

우리는 여기서 또 권력 자원과 정치적 영향력의 인과관계를 가정하는 — 이번에는 문화에 적용된 — 표현을 확인할 수 있다. 하지만 문제는 오히려 더욱 불어난다. 최소한 어떤 의미에서는 신보수주의자들이 옳다고 가정하여, 전 세계의 많은 사람들이 정말로 어떤 "미국적인"(이제는 세계화된) 문화적 가치와 상품을 — 아이비리그의 교육에서 디즈니랜드와 나이키까지 — 선망한다고 치자. 그래도 이것이 무조건 미국의 정치적 영향력으로 귀결된다는 생각은 눈먼 쇼비니즘의 극치이다. 우선, 세계 시민들 대다수는 머릿속에 적어도 두 가지 생각을 동시에 품을 능력이 있다. 그들은 한편으로는 하버드에서 박사 학위를 받고 할리우드 영화를 보고 나이키 운동화를 신고 싶어 하면서도, 다른 한편으로는 미국 대외 정책의 성격과 결과에 대해 깊이 우려할 수 있다. 둘째, 설령 문화를 권력 "자원"으로 취급할 수 있다 하더라도, 이것은 통제를 허락하지 않는 자원이다. 문화는 — 가치의 형태로든 인공물의 형태로든 — 본래가 상호 주관적이며, 그것이 특정 사회에서 "외부로 확산"된다 하더라도 절대로 그저 수동적으로 받아들여지는 일은 없다. 문화는 언제나 재해석되고 다른 가치에 접목되며 새로운 목적을 띠게 된다. 이 두 가지 점은 대영 제국과 인도 민족주의자들의 사례에 잘 드러나 있다. 19세기 말에서 20세기 초에 걸쳐, 인도의 젊은 엘리트들은 케임브리지, 옥스퍼드, 런던 대학으로 몰려들었다. 그러나 그렇다고 그들이 제국의 규칙을 무비판적으로 받아들인 것은 아니다. 오히려 그와 반대로, 그들은 제국의 심장에서 자유주의와 민주주의적 사고를 흡수하여 그것을 반제 민족주의로 재탄생시켰다.

사회적 권력 개념

앞에서 제기한 문제점은 신보수주의의 권력 이론에 필수적인 부분으로서, 그 정치적 자폐증과 소유 중심적, 물질적, 주관적, 비사회적 특성에서 곧바로 유래한다. 이제 나는 그 대안으로서, 보다 발견적 유용성을 띠며 보다 실용적으로 제 기능을 하는 사회적 권력 개념을 제시하고자 한다. 이 개념은, 생명력 있는 권력 이론이라면 "권력 자원"에만 초점을 맞춰서는 안 된다는 제안으로부터 시작한다. 브룩스와 월포스도 인정했듯이, 권력 자원은 정치적 영향력과 연결되는 가장 약한 고리이기 때문이다. 어떤 나라가 강력하다고 할 때는 그 나라가 단순히 총과 돈을 많이 가지고 있는 데서 그치지 않고, 목표를 성공적으로 실현할 능력이 있다는 것을 말한다. 이 점을 포착하기 위해, 나는 권력을 정의하는 데 있어 결과에 대한 다소간의 통제 능력을 포함할 것을 제안한다. 여기서 나는 베버가 권력을 일컬어 "사회적 관계 안에 있는 한 행위자가 주위의 저항에도 불구하고 (그 개연성이 어떤 기반 위에 존재하느냐에 상관

없이) 자기 의지를 행사하는 위치에 설 수 있는 개연성"[25]이라
고 정의한 방식을 따를 것이다. 이는 조지프 나이가 권력을
"자신이 원하는 결과를 성취할 수 있는, 그리고 필요하다면 이
를 실현하기 위해 타인의 행동을 변화시킬 수 있는 능력"[26]이
라고 설명한 것과 일맥상통하는 정의이다.

베버의 정의는 "사회적 관계 안에 있는 한 행위자"를 언급
하면서 권력의 사회적 본질을 가리키고 있다. 이 본질을 포착
하기 위해, 우리는 권력이 도처에 편재함을 깨달아야 한다. 우
선 권력은 모든 사회적·정치적 행위의 본질적 특성이다. 어
떤 행위를 행위자의 소치로 돌린다는 것은 그 행위자가 주변
의 사회적 세계를 형성할 일정한 권력을 가지고 있다는 의미
이다. 즉, 그것이 단순히 반항하거나 저항할 능력에 불과하다
해도, 행위 능력(즉, 권력)을 전혀 갖지 못한 행위자는 없다는
뜻이다.[27] 또 권력은 모든 사회적 선과 악, 자유와 창조, 억압과
파괴에 필수적이라는 의미에서 도처에 편재한다. 앤서니 기든
스Anthony Giddens가 말했듯, "지배와 권력의 심장부에는 인간
행동의 변형 능력transformative capacity이 놓여 있다. 그 기원은
강압적이고 파괴적인 동시에 해방적이고 생산적이다."[28] 즉,
시스티나 성당을 창조한 인간의 행동이나, 히로시마와 나가사
키를 폭파한 인간의 행동은 모두 동일한 권력에서 비롯된 것
이다.

권력은 도처에 편재하기만 하는 것이 아니라, 그 본질상
관계적이다. 권력은 원자적 행위자가 계량화 가능한 상품으로
소유할 수 있는 것이 아니라, 사회적 관계를 통해서만 획득할

수 있는 것이다. 권력은 "주어진 관계에 참여한 행위자들 사이
의 교환을 통해서만 발전할 수 있다. 양편의 관계에 둘 사이의
교환과 호혜적 적응이 얼마나 전제되느냐에 따라서 권력은 협
상과 연결된다. 다시 말해, 이것은 적어도 두 사람이 연관된 교
환 관계이며, 따라서 협상 관계이다."[29] 사회 바깥에 홀로 살면
서 풍부한 물질적 자원을 통제하는 개인은 그 어떤 정치적 의
미로도 권력을 가지고 있다고 말할 수 없다. 행위자는 다른 행
위자와 관계를 맺고 변형 능력을 추구할 때만이 권력을 가지
고 있다거나 가지고 있지 않다고 말할 수 있다. 또 동원한 물
질적 또는 비물질적 자원이 정치적 또는 사회적 의미나 중요
성을 띠는 것도 이러한 관계적 맥락에서만 가능하다. 미국은
이라크 지도자인 사담 후세인을 무장 해제시키고 권좌에서 끌
어내려야 하므로 이 전쟁은 정당하다고 유엔 안보리를 설득시
키고자 했다. 그러나 미국의 군사 규모는 미국의 권력의 크기
를 결정하는 요소 중 일부에 불과했다. 미국의 도덕적 권위,
안보리의 다른 멤버들에게 같은 수준의 위협을 인지시키는 능
력, 유엔의 권위를 시험하는 것으로 이슈를 바꿔치기하는 능
력, 사찰 체제의 예측할 수 없는 변동, 유엔의 제도적 절차가
갖는 통제 효과, 이라크인 자신들의 행동 모두 미국이 지니는
권력의 크기를 좌우하는 의미 있는 힘들이다.

권력power을 무력force과 구분해야 한다고 주장하는 사람
들도 있다. 이런 견해에 따르면, 권력은 타인에게서 순응을 유
도해 내는 능력이다. 그리고 무력으로 협박해서 순응을 이끌
어 낼 수 있을지는 몰라도, 무력을 행사한다는 것 자체가 이미

순응하지 않는다는 증거이다. 로버트 잭맨Robert Jackman은 "권력과 달리 무력은 순응을 이끌어 내지 못한다. 무력을 행사한다는 것은 비강압적인 수단으로는 순응을 이끌어 낼 수 없다는 고백이다"[30]라고 주장한다. 국제 관계를 배우는 대다수의 학생들이 보기에 이런 관점은 우리 깊숙이 존재하는 직관 ─ 국가가 자신의 목적을 이루기 위하여 폭력을 사용하는 것이 곧 권력을 행사하는(혹은 최소한 행사하고자 노력하는) 행동이라는 ─ 과 정면으로 부딪치기 때문에 납득하기가 쉽지 않다. 그러나 여기에는 마음에 담아 둘 가치 있는 통찰이 담겨 있다. 어떤 행위자가 타인의 행동을 조종하기 위하여 무력에 호소한다면, 그는 분명히 권력의 중요한 한 측면 ─ 자발적 순응을 "유도해 내는" 능력 ─ 을 놓치거나 포기해 버리는 셈이다. 따라서 순응을 "억지로 끌어내기" 위해 무력을 사용한다면, 그것은 권력이 축소되거나 궁해진 탓으로 보아야 한다. 즉, 더 깊이 사회화되어 어떤 형태로든 다른 행위자의 승인을 이끌어 내는 권력과는 대조를 이룬다.

무력을 권력의 형태에서 아주 배제해 버리기보다는, 강압적 권력과 권위적 권력이라는 두 추상형으로 이루어진 연속체를 상상하는 편이 더욱더 유익할 것이다. 강압의 극단에서는 무력(혹은 무력을 쓰겠다는 위협)이 곧 권력의 수단이며, 권위의 극단에서는 정당성이 권력의 수단이다. 여기서 규정한 강압적 권력이란 다른 행위자로 하여금 정해진 식으로 행동하도록 고통이나 위해를 가하는 ─ 혹은 보호나 애정 등 가치 있는 것을 박탈하는 ─ 것이다. 잭맨의 견해와 달리, 이런 형태의 권력도 역시 관계적이다. 강압이 효과를 거두는가 여부는 강압의 대상이 되는 행위자가 자신의 이익에 대해 어떻게 이해하느냐에 달려 있다. 대의를 위해 기꺼이 죽을 각오가 된 행위자는 신체적 위협에도 쉽게 굴복하지 않는다. 독재자는 전쟁을 통해 개인적 위신을 높이고 국민의 지지를 회복할 수 있다고 믿으면 전쟁의 위협에도 쉽게 굴복하지 않는다. 권위적 권력은 무력이 아니라 정당성에 의거한다. 여기서 정당성이란 명령이나 규칙을 따라야 하는 입장에 놓인 행위자 측의 규범적 신념(그 근거가 충분하든 아니든)으로 정의된다. 따라서 명령이나 규범이 옳다는 규범적 신념에 기초한 동의는 권위적 권력의 토대이다.[31] 우리는 권력에 대한 이 두 가지 추상형을 국가들 간의, 그 내부의 사회생활 속에서 찾아볼 수 있지만, 실제 권력은 대부분 이 두 가지 추상형을 혼합한 형태를 취하여 표현된다. 독재자는 주로 강압적인 수단을 써서 지배하지만, 비록 미약할지라도 다소간의 동의를 유도해 내는 어느 정도의 개인적 카리스마를 지니고 있을 수 있다. 민주주의 제도는 시민들의 눈에 그 정당성이 인정되어 수백 년간 지탱해 왔지만, 바로 그 정당성을 지니고 있다는 이유로, 공민권이 없거나 각성한 소수자를 억압 또는 강제하기 위해 강압적인 수단을 공공연하게 사용할 수도 있다.

강압의 행사는 "진짜 남자"가 휘두르는 권력으로, 강한 지도자·강한 국가·규율이 잡힌 국제 질서의 표시로 여겨지곤 한다. 그러나 증거를 보면 실상은 그와 반대이다. 에드먼드 버크Edmund Burke가 한 다음 말은 유명하다. "무력의 효력은 일

시적이다. 잠깐 동안은 저항을 억누를 수 있지만, 그래도 다시
금 억눌러야 할 필요성이 사라지지는 않는다. 국가는 무력으
로 다스려지지 않으며, 다만 영구히 정복된 상태를 유지할 뿐
이다."[32] 이 말은 강압적 권력의 몇 가지 한계를 지적하고 있
다. 첫째, 무력의 행사나 그 위협에만 의존하면 — 뇌물에 의
존해도 마찬가지지만 — 지배가 취약하고 불안정해져서 그때
그때의 명령과 위협과 제재에 기대어 지배를 유지하게 된다.
니콜로 마키아벨리는 사랑받는 군주보다 백성들이 두려워하
는 군주가 더 낫다고 주장했지만, 궁극적으로 가장 중요한 것
은 영예로운 평판이라고 생각했으며, 강압을 거듭하면 두려움
이 아닌 증오를 낳아 분명히 적대 세력이 생기므로 이를 피하
라고 조언하였다.[33] 둘째, 강압적 권력은 지배를 위해 값비싼
비용을 치러야 한다. 계속해서 위협하고 순응 여부를 감시하
고 무력을 행사하는 데 드는 실질적인 단순 비용도 있지만, 자
발적인 협력과 도움으로 얻을 수 있는 혜택을 포기하는 데서
오는 숨겨진 비용도 있다. 게다가, 강압적 권력은 불안정한 지
배로 이어지기 때문에 앞으로 다가올 위험을 예측하고 준비하
기가 힘들며, 이와 결부된 비용 때문에 기업들은 독재 국가에
투자를 꺼리게 된다. 셋째, 강압적 권력은 장기가 아닌 단기적
이익의 실현에 맞추어져 있다. 부시 행정부는 사담 후세인을
축출하기로 일방적으로 결정하였고 그 당면 목표를 실현하였
다. 그러나 규율이자 본보기로서 무력을 행사하여 중동에서
중장기적으로 민주주의와 평화의 가능성을 확대하고, 테러리
즘과 대량 살상 무기의 위협을 줄이며, 국제적 평화와 안보를

증진할 수 있을지 여부는 아직까지 심각한 의문으로 남아 있다. 마지막으로, 앞에서 제시한 것을 종합해서 강압적 권력은 (권위에 의한) 거버넌스governance가 아닌 (통제에 의한) 지배 dominance를 행한다.

강압적 권력의 취약성을 드러내는 증거는 반대로 권위적 권력의 힘을 가리키기도 한다. 권위적 권력은 휘두르는 것이 아니라 배양하는 것이고, 일방적인 지시 대신 협상을, 강제 대신 의사소통을 추구해야 하지만, 궁극적으로는 안정적인 지배에 필수불가결한 것이다. 찰스 메리엄Charles Merriam의 말에 따르면, 권력은 "대체와 유인의 수단을, 배제보다는 참여의 수단을, 파괴보다는 교육의 수단을 채용했을 때 가장 강력하다."[34] 그 이유는 세 가지이다. 첫째, 권위적 권력은 통치 행위자와 제도와 규칙의 정당성에 대한 누적된 신뢰에 기초한다. 이러한 신뢰가 확립되려면 많은 작업과 의사소통과 재규정이 필요하기는 하지만, 그러한 신뢰가 당연시되고 받아들여지면서 비로소 안정적 지배가 이루어지게 된다. 둘째, 권위적 권력은 강압적 권력보다 비용이 덜 든다. 이는 정당성을 확립하는 데 비용이 들지 않는다는 말이 아니라, 그 추진력이 주로 자발적인 순응 의지에서 나오며, 위협과 제재로 정권을 유지하는 비용을 덜 부담한다는 뜻이다. 셋째, 권위적 권력은 강압적 권력에 비해 장기적 이익을 실현하는 데 더 적합하다. 패권 국가가 장기적 목표를 추구하고 있다면, 신자유주의자들의 말대로 다자 기구에 참여함으로써 그 권력을 사회화하는 편이 합리적이다.[35] 마지막으로, 정의상 권위적 권력의 배양과 제도화와 행사는 지배가 아닌 거버넌스를 촉진한다.

신보수주의자들이 보기에 권력과 제도는 서로 상반되는 것이다. 중요한 것은 물질적 권력이며, 제도는 크리스마스 가족 파티의 장식품에 불과하다 — 즉, 보기에는 좋지만, 근저에 놓인 사회적 동력을 변화시키지는 못한다. 크라우트해머가 유엔에 대해, "형식적인 의미에서가 아니라면 존재한다고 할 수도 없다"[36]라고 조롱한 것을 상기해 보자. 그러나 여기서 제시한 사회적 권력 개념의 관점으로 보면, 권력과 제도는 서로 떼려야 뗄 수 없게 뒤얽혀 있다. 일반적으로 제도는 규범과 규칙과 의사 결정 과정의 집합으로서, 행위자들의 역할과 정체성을 형성하고 그들의 행동을 규제하는 두 가지 기능을 수행한다고 정의된다. 제도는 세 가지 중요한 방식을 통해 권력을 구성한다. 우선, 권력 자원은 제도의 틀 안에서만 그 의미를 얻는다. 그 제도들 중 가장 기본적인 것은 우애 · 경쟁 · 적대의 세 가지 규범이다. 이를테면 군사 자원은 우방에 대해서는 우호적이며 힘을 보태 주기도 하지만, 적국에 대해서는 위협적이다.[37] 둘째, 사회가 특정한 행위자와 행위에 대해 정당성을 부여하고 따라서 힘을 부여하는 행동은, 유엔 헌장의 규정 등 기존의 제도적 규범을 참조하거나, 혹은 새로운 규범을 협상하는 사회적 과정을 통해 이루어진다. 둘 중 어느 쪽이든, 그 어떤 행위자나 행위도 (성문화되었건 그렇지 않건 간에) 일정한 제도적 규칙이나 규범을 거치지 않고 정당성을 부여받을 수는 없다. 제도는 권력에 정당성을 부여한다. 마지막으로, 제도는 권력 관계를 규제하는 중요한 기능을 한다. 어떤 사회 질서에서든 권력 관계를 안정적이고 예측 가능하게 만드는 것이 강자와 약자 모두에게 이익이다. 마오쩌둥의 "영구 혁명"과 같은 유명한 예외를 제외하고, 자신의 권력이 일시적이기를 바라는 지배자나 자신이 따르는 권력이 변덕스럽기를 바라는 피지배자는 거의 없다. 정의상 규칙과 규범은 특정한 형태의 행위 능력 또는 행위를 일관되게 허용하거나 혹은 금지하기 때문에, 사회는 권력 관계를 제어하기 위해 제도에 의존하게 된다. 일시적인 규칙이나 제도는 존재하지 않는다. 이러한 이유로, 기든스는 "거듭하여 제도와 결부되는 규칙과 자원이야말로 [사회] 구조의 가장 중요한 측면이다"[38]라고 말하기까지 했다.

현대의 국제 사회에서는 세 가지 차원의 제도가 권력 관계를 구성하는 역할을 수행한다. 가장 기본적인 차원에서 권력은 국제 사회 깊숙이 내재된 "성문적constitutional" 가치에 의해 형성된다. "국제 사회의 성문적 제도란 국제 사회의 구성원인 여러 정체들이 상호 동의한 규범의 집합으로서, 권위를 지닌 주체와 그 주체의 특권… 등을 규정한다."[39] 주권의 원칙은 이 규범 중에서 가장 유명한 것으로서, 전 세계의 권력은 지역에 따라 분리된 중앙 집권적 정치 단위 — 다시 말해 국가 — 로 조직되어야 한다는 내용이다. 그러나 주권은 언제나, 어떤 정체가 주권을 인정받을 자격이 있는지를 규정하는 다른 성문적 가치와의 대화 가운데 존재한다. 그리고 왕권신수설과 자유 민주주의 중 어느 쪽이 우세한지 여부에 따라서도 그 의미가 달라지며, 국가가 누리는 권력에 대한 함의도 달라진다.[40] 두 번째 차원인 "근본적" 태도는 좀 더 눈에 잘 띄는 위치에 있는데, 그중 오늘날 가장 두드러지는 것은 국제법과 다자주의이다. 이들은 국가가 협력 문제를 해결하고 공존을 증진하기 위해 주로 활용하는 수단으로서, 국제 규칙의 제정 및 해석, 행사를 지시하여 권력 관계에 중요한 영향력을 행사한다. 유엔은 이 두 개의 제도가 교차하는 지점에 서 있는데, 이는 권위적 권력을 규정하고 행사하는 중요한 지점이 되기도 한다. 마지막으로 가장 눈에 잘 띄는 제도의 차원은, 특정한 이슈 영역에서 국제법과 다자주의의 실질적 표현인 "국제 레짐 international regime"의 차원이다. 핵 확산 금지 조약, 세계무역기구, 제네바 협약, 교토 의정서, 국제 인권 규약 등이 모두 국제 레짐의 예이다. 이들은 국제 사회의 특정한 영역에서 권리와 의무를 규정하고, 행동의 기준을 세우고, 의사 결정 과정과 집행 방식을 기술한 실질적인 국제 규칙이다. 이 규칙들은 특정 행위를 허락한다는 의미에서 힘을 부여하는 역할을, 나머지 행위의 정당성을 박탈한다는 의미에서 제한하는 역할을 한다.

"패권의 역설"

앞서의 논의에 비추어 보았을 때, 신보수주의자들의 관심이 단순히 미국이 많은 나라 중에서 으뜸 — 강대국 중의 강대국 — 이 되는 것에 있지 않다는 사실은 분명하다. 그들의 목표는

모든 것을 포괄하는 패권으로서, 다시 말해 미국이 거대한 군
사적 힘을 지녀 세력 균형이 무의미해지고, 미국의 "보편적"
가치에 의거하여 세계의 정치적·경제적 질서를 대대적으로
개편하는 것이다. 그러나 패권을 보는 그들의 시각은 좋게 말
하더라도 기묘하기 짝이 없다. 우선 패권이 단순히 '우세한 한
국가가 국제 체제의 규칙을 좌우하는 물질적 역량' ─ 또는
크라우트해머의 말마따나 "당당하게 세계 질서의 규칙을 세
우고 그것을 집행할 준비를 하는 것"[41] ─ 이라는 개념은, 신보
수주의 권력 이론의 소유 중심주의, 물질주의, 주관주의, 비사
회적 성격과 잘 들어맞는다. 다른 한편으로 미국의 패권에 대
한 신보수주의적 시각 중에 그람시를 곡해한 지류가 있다. 즉,
미국의 권력은 일부분 그 문화와 가치의 보편성이 갖는 유인
적 매력에서 나온다고 여기며, 여기에는 합의된 기반이 있다
고 주장한다. 그러나 앞에서 보았듯이, 신보수주의자들은 미
국을 초월한 사회적 세계에 대한 개념이 없으며, 그에 대한 개
념이 없다면 합의는 먹을 것 없는 잔치에 불과하다. 패권에 대
한 이런 시각은 신보수주의 권력 이론에서 나온 것이므로, 당
연히 이 견해의 전제 또한 똑같은 문제를 안고 있다. 즉, 이 견
해도 권력 자원을 아무 문제없이 정치적 영향력으로 연결할
수 있고, 정당성은 스스로 부여하는 것이고, 미국의 문화적 유
인력이 너무 매력적이라 모두가 미국의 대외 정책에 무반성적
으로 동의한다는 신념에 근거하고 있다.

  이 시점에서 이 견해에 대한 신자유주의적 대안 역시 비
슷한 문제를 안고 있음을 지적하는 것도 흥미로운 일이다. 이

대안을 가장 탁월하게 정립한 사람은 조지프 나이인데, 그는 신보수주의자들과 달리 권력을 단순한 자원이 아닌 정치적 영향력이라는 관점에서 정의하였다. 하지만 비록 그가 공공을 배려하는 대외 정책과 다자주의적 참여에 대해 말하고 있기는 해도, 미국의 패권에 대한 그의 시각만 가지고는 정당성의 정치를 이해하거나, 문화적 유인력에 대한 신보수주의적 시각에서 크게 벗어나기가 힘들다. 우선 정당성과 관련해서, 그는 미국의 국익이 보편적이므로 그 대외 정책이 정당하다는 생각에는 분명히 수긍하지 않는다. 그러나 정당성에 대한 그의 관점도 특별히 사회적이지는 않다. 그는 미국이 "타인의 지분을 감소시키지 않고 모두가 소비할 수 있는"[42] 세계적 차원의 공공재를 가져다준다면 미국의 권력도 정당한 것으로 간주할 수 있다고 믿는 듯하다.

그런데 나이의 글에는 이러한 공공재가 국제적 협의를 거쳐야 한다는 관념이 없다. 이는 마치 객관적이고 논쟁의 여지가 없는 것처럼 취급된다. 우리는 미국이 세력 균형을 유지하고 국제 경제 개방을 촉진하며 국제 규칙과 제도를 유지 — 이상이 그가 열거한 공공재의 전부이다 — 한다면, 과연 미국의 권력의 정당성이 충족되는가를 질문해 볼 수 있다. 세력 균형, 경제 개방, 국제 제도의 유지를 확고한 정당성의 기준으로 삼기 이전에, 먼저 그런 것들의 본질을 협의하는 일이 필요하지 않을까? 문화적 유인력에 대한 질문과 관련하여 나이의 입장은 신보수주의자들과 그리 다르지 않다. 그도 그럴 것이 신보수주의자들은 그들의 견해를 나이의 초기 저작인 『선도할 운명*Bound to Lead*』에서 많이 빌려 왔기 때문이다. 그에 따르면, 소프트 파워 자원은 미국의 정치적 영향력의 중요한 원천으로서, 그 자원을 활용함으로써 타인의 기호와 나아가 타인의 행동을 바꿀 수 있다. "내가 바라는 바를 당신도 바라게 할 수 있다면, 나는 당신이 바라지 않는 일을 강제로 시킬 필요가 없다."[43] 여기서 다른 세계인들의 문화적 행위 능력 또는 자율성은 완전히 무시되었으며, 나이는 미국의 목적을 이루기 위해 타인의 기호를 바꾸려는 행동에 수반되는 윤리적·정치적 문제를 인식하지 못하는 듯하다.

앞의 절(78-87페이지)에서 상세히 설명한 사회적 권력 개념에서 패권을 보는 견해는 스스로에게 정당성을 부여하려는 유혹과 문화적 쇼비니즘에 저항하는 시각으로서, 앞에서 서술한 내용과 중요한 차이가 있다. 여기서는 패권을 우월한 국가가 "규칙을 정하는" 비정한 능력으로 보지 않고, 규범적으로 정의되고 사회적으로 승인된 지위로 본다. 그리고 지도적인 국가의 권력과 영향력을 뒷받침하는 정당성과 합의의 중요성을 강조한다. 다시 한 번 콕스의 말을 인용하면, "국가가 좀 더 패권을 지닌 위치에 서려면, 개념상 보편적인 세계 질서를 기초하고 보호해야 한다. 여기서 세계 질서란 예컨대 한 나라가 다른 나라를 직접적으로 착취하는 질서가 아니라, 대다수 국가들(혹은 최소한 패권이 미치는 범위 내에 있는 국가들)의 이익이 서로 공존하는 질서를 말한다."[44] 여기서 특히 중요한 것은 다음 세 가지 개념이다. 첫째, 패권을 지닌 국가는 풍부한 물질적 권력 자원을 지니고 있어야 하지만, 패권은 궁극적으로 지위와 인정에 근거한 사회적 위계 형태이지 단순히 물질 자원의 순위에서 1등하는 것이 아니다. 둘째, 패권은 세계 질서의 제도적 형태이다. 이 패권 안에서 실질적·절차적 규범이 보편적으로 받아들여지면서 사회적 위계가 굳건해지며, 억압과 착취의 필요성은 줄어든다. 셋째, 패권은 정체성과 이익을 놓고 벌이는 협상을 바탕으로 성립된다. 패권을 가지지 못한 국가가 자신의 이익과 양립하는 세계 질서에 안착할 수 있으려면, 패권을 지닌 국가의 리더십(과 그 리더십의 뼈대를 이루는 실제적·절차적 규범)은 그 이익에 관심을 보여야 한다. 타국의 이익에 무관심하고 무반응한 강대국은 지배를 실현할 수는 있겠지만, 패권을 획득하려면 분투해야 할 것이다. 마지막으로, 패권 국가는 무력을 과시함으로써 그 우월성을 각인시킬 수도 있지만, 패권 자체의 사회적 입지와 제도적 근거를 갉아먹지 않으려면 무력은 적절히 삼가서 사용해야 한다. 국가 공동체가 부당하게 여기는 방식으로 무력을 사용한다면 우월한 강대국의 사회적 정체성과 보편적 국제 규범 사이에 간극이 생기고, 그 간극은 궁극적으로 패권을 좀먹게 된다.

브루스 크로닌Bruce Cronin은, 패권의 특성은 바로 그 주된 역설에 있다고 날카롭게 지적했다. "패권을 지닌 국가는 일방주의적으로 행동할 수 있는 물질적 능력을 갖추고 있지만, 그들이 이끌고자 하는 시스템을 희생시키면서까지 정말로 그렇게 한다면 패권을 계속 유지할 수 없을 것이다."[45] 다른 국가들이 패권 국가를 승인하고 동의해 주느냐 여부는 패권 국가가 패권적 세계 질서의 제도적 규칙과 관습을 준수하느냐에 달려 있으며, 그러한 규칙을 심각하게 위반할 경우에는 그 동의가, 나아가 패권 자체가 잠식될 가능성이 있다. 따라서 패권 국가는 사회적 침식 작용을 일으키는 일방주의적 행동을 피해야 할 강한 동기가 있는 셈이지만, 국내 정치는 그와 다른 방향으로 떠밀릴 수도 있다. 크로닌의 말을 빌리면, "패권 국가는 자신의 이익을 좇기 위해 일방주의적으로 행동할 능력과 의지를 소유하고 있다. 따라서 국내의 정치 행위자와 공직자들은, 국익이 걸려 있다면 정부는 그 길을 좇을 것이라는 기대를 품게 된다."[46] 다른 나라의 동의를 지속시키려면, 패권 국가는 국내 정치의 견인력에 저항하는 동시에 두 가지 일을 해야 한다. 첫째는 크로닌이 강조한 점이기도 한데, 시스템의 기본적인 절차상의 규범을 유지해야 한다. 이는 모든 국가의 법적 평등을 인정하고, 다른 나라와 마찬가지로 규칙을 준수하고, 자기 자유의 한계를 정하고, 비패권 국가의 편의를 도모하는 것 등을 말한다.[47] 둘째, 절차적·실질적 규범을 새로 도입할 때는 명령이 아니라 협상을 거쳐야 함을 받아들여야 한다. 이는 규범이 명령이 아니라 사회적으로 승인된 행동의 기준이기 때문이기도 하지만, 다른 나라들도 존중받을 가치가 있는 정체성과 이해관계를 지닌 사회적 행위자로서 인정받기를 요구하기 때문이기도 하다. 이는 프랜시스 후쿠야마 같은 신보수주의자들도 지적한 사항이다.[48]

결론

신보수주의자들은 미국이 현상 유지status-quo 세력이며, 따라서 온건한 패권을 지니고 있다고 주장하곤 한다. 현상 재편을 원하는revisionist 세력은 중국이나 러시아 같은 다른 강대국들, 또는 불량 국가들이라는 것이다. 1장에서는 부시 행정부 내의 신보수주의자들이 철저히 현상 재편적인 미국의 패권과 일방주의와 야심의 부흥을 위한 이상주의적 원정에 나선 과정을 보여 주면서, 이러한 주장의 오류를 보이고자 했다. 그리고 이번 장에서는 논의를 한 단계 발전시켜서, 부시 행정부의 대전략을 형성한 신보수주의 권력 이론의 핵심을 추출하고 그 주된 약점을 ― 그중에서도 특히 물질적 권력과 정치적 영향력 사이의 관계, 정당성의 본질, 문화적 상호 작용과 교환의 정치학에 대한 견해의 오류를 ― 밝히고자 했다. 그리고 이러한 이슈를 보다 적절히 다룰 수 있는, 대안적인 사회적 권력 개념의 밑그림을 그려 보았다. 이 개념을 파고들면 패권의 주된 역설이 드러나는데, 이는 안정되고 지속적인 리더십을 유지하려면 권력이 사회적으로 내재되어야 하며, 일방주의적 행위는 패권 국가와 세계 질서 모두를 잠식시킨다는 것이다.

미국의 권력에 대한 최근의 논의는 권력 자원의 계량화에 협소하게 초점을 맞추는 경향이 있으므로, 미국이 적수 없는 우위에 있다고 결론을 맺는 것도 무리는 아니다. 이런 식의 논의는 이 장에서 조명한 권력의 사회적 근거뿐만 아니라, 미국

의 권력이 행사되는 맥락의 중요성 또한 놓치고 있다. 미국의
정치적 영향력은 특정 시기에 미국이라는 나라 자체의 물질
적 · 사회적 속성은 물론, 미국이 자신의 정체성을 규정하고
이익을 추구하는 주변 환경에 의해서도 결정된다. 모든 국제
체제가 다 같지는 않으며, 국가의 정당성에 대한 개념, 제도적
수준, 다른 사회 세력과의 관계 등이 모두 다른 양상을 보일
수 있다. 어떤 체제는 아전인수식의 권력 투사 전략에 쉽게 넘
어가기도 하고, 어떤 체제는 보다 섬세한 대응을 요하기도 한
다. 다음 장에서는 추상적인 논의를 좀 더 구체적으로 발전시
켜, 미국이 최후로 패권적 리더십을 누렸던 1945년 직후의 세
계와, 이 패권을 다시금 부흥시키려는 미국의 기획에 근본적
인 걸림돌을 제기하고 있는 오늘날의 세계와의 차이점을 탐색
하기로 한다.

3. 현실 세계

우리가 흔히 어떤 특정한 "관념의 시대가 도래했다"라고 말할 때, 이는 공백을 채웠다, 절실한 필요에 부응했다, 면면한 사회적 과정과 접합하였다, 혹은 떠오르는 다른 관념, 가치 혹은 신념과 공명하였다는 뜻이다. 주권의 개념이 도래한 시대는 17세기 중반으로, 나폴레옹 전쟁과 빈 회의Congress of Vienna 이후 "유럽 협조 체제Concert of Europe[빈 체제]"라는 관념이 떠오른 시기와 일치한다. 케인스주의 경제학의 시대는 대공황 직후였고, 두 차례의 세계대전 직후에 유럽은 지역 통합이라는 새로운 관념을 맞을 준비를 갖추게 된다. 하지만 슬프게도, 부시 독트린을 형성한 신보수주의의 권력/패권에 대한 시각에는 같은 말을 적용할 수 없다. 이것은 — 앞 장에서 살펴본대로 — 내적 결함을 지니고 있을 뿐만 아니라, 현대 세계 정치의 기본 구조 및 과정과 양립할 수 없다. 이처럼 현실과 위험할 정도로 대립한다는 의미에서, 이는 2차 세계대전 이전 프랑스의 전략 문화[전략 문화란 안보에 관한 한 국가의 사고와 행동 양식으로, 프랑스가 2차 세계대전 당시 독일군의 침공에 무력하게 무너진 이유 중 하나는 전략 문화가 시대와 맞지 않았기 때문이라는 뜻와 크게 다르지 않다.[1]

물론 부시 행정부의 강경론자들은 이를 단호히 부정할 것이다. 그들이 보기에 오늘날의 세계는 1945년 직후의 세계와 유사하다. 지금과 마찬가지로 그때도 미국은 군사적으로 압도적 우위였고, 세계는 심각한 위협과 도전에 직면해 있었으며, 미국의 권력을 확고히 행사함으로써 보다 평화롭고 번영하는 — 그리하여 미국과 전 인류의 이익에 이바지하는 — 세계 질서를 창출하였다는 것이다. 이렇게 과거의 황금시대와 오늘날의 세계 사이에 유사 관계를 상정하면, 수사적 효과는 만점이지만, 역사로서는 빵점이며, 동시대 분석으로는 최악이다. 여기서 내세우는 가정은, 미국이 2차 세계대전 이후에 물질적으로 우세했고 오늘날에도 그러하므로, 두 역사적 순간이 유사하다는 것이다. 그러나 미국이 물질적으로 우세한 두 시기는 서로 근본적인 차이를 보이며, 이는 해외에 미치는 미국의 영향력과도 깊이 연관된 것이 현실이다.

이 장에서는 권력에 대한 신보수주의적 견해와 현대 세계 정치와의 부정합에 대해 탐색한다. 우선 1945년 직후 시기를 과도하게 낭만주의적으로 포장하여 현재와 비교함으로써, 세계에 대한 보호 감독에서부터 이라크 침공에 이르기까지 모든 것을 정당화하는 수단으로 삼는 관행에 대해 간략히 살펴본다. 그리고 나서 오늘날의 세계와 반세기 전의 세계를 체계적으로(철저하게는 아니지만) 비교한다. 여기서 특히 다음 다섯 가지 구조적 차이점 — 강대국들 간의 안보 의존의 수준, 국제적 경제 제휴의 성격, 제도화의 정도, 국가들의 사회의 상대적 자율성, 규범적 행위의 확산 — 에 중점을 두어 비교할 것이다. 각 영역에서 두 세계는 확연히 다르며, 오늘날의 세계는 2차 세계대전 직후의 세계에 비해 패권적 권력을 확립하고 지속하기가 근본적으로 더 힘들게 되었다. 게다가 주권 국가 체제와 자유 시장 경제라는 두 가지 현상이 전 지구적으로 고착화되면서 이러한 어려움은 더욱 심해졌다. 이러한 과정은 전쟁의 "토착화," 전 지구적 부의 만성적 불균형 분배, 지구 생태계의 위기 등 수많은 심각한 부작용을 낳으며, 이들 모두는 미국의 리더십과 효과적인 세계 지배에 근본적인 도전을 제기하고 있다.

"과거의 것들에 대한 기억"

역사의 이용과 남용은 대전략을 추구하는 정치가들이 활용할 수 있는 가장 매력적이고도 강력한 수사적 전술 중 하나이다. 에르네스트 르낭Ernest Renan은 "과거의 영광을 공유하는 사람들은 현재의 의지도 공유한다. 과거에 함께 위대한 일을 해 냈다면 미래에도 그럴 수 있을 것이다 — 이는 국민을 발명하기 위한 본질적 조건이다"[2]라고 썼다. 따라서 국민됨의 서사는 역사의 서사이며, 이 역사에는 "우리의 현재를 있게 한" 사건과

업적들에 대한 찬양이 포함되는 동시에, "과거에 존재했지만 우리의 책임이 아닌" 덜 교훈적인 사실들은 체계적으로 망각된다. 그러나 국가의 역사적 순간에 대한 찬양이, 사실에 충실하거나 미묘한 차이를 드러내는 해석 또는 재현과 양립하는 일은 드물다. 역사적 순간들은 현재의 화자의 정치적 필요에 맞게 선택되며, 그 성격과 의미는 특정한 상징적 반향을 띠도록 조작된다. 이는 특히 현재를 수사적으로 과거에 빗대는 경우에 분명하게 드러난다. 정치 엘리트들은 과거의 특정 시기를 가려내어 환기해 자신들이 선호하는 정책과 전략을 옹호하고 — "우리는 과거에 이렇게 해서 위대해졌으므로 다시금 이렇게 하여야 한다" — 다른 이들의 정책 · 전략을 깎아내린다 — "과거에 바보들은 이렇게 하여 그 대가를 호되게 치렀으므로, 우리는 그들의 실수를 반복하면 안 된다." 그러나 이런 정치적 의도의 비유는 그들이 주장하는 과거와의 유사성을 전면에 내세우고 다른 차이점은 전부 감추어 버리므로, 어쩔 수 없이 과도한 단순화와 구체화의 맹점을 안게 된다.

신보수주의의 기획은 패권 부흥을 위한 기획이므로, 이를 2차 세계대전에 뒤이은 미국의 권력의 이른바 황금시기에 빗대어 정당화하려는 것도 무리는 아니다. 여기서 반복되는 테마는, 50년 전 미국은 세계 권력의 정점에 서 있었지만, 그 이전의 강대국들과는 달리 강압적 지배가 아닌 온건한 패권을 추구하였다는 것이다. 로버트 케이건의 말에 따르면,

미국의 슈퍼파워가 이전의 패권 국가들과 어떻게 다른지 전 세계가

똑똑히 보았던 시기가 있었다. 그 차이점은 권력을 행사하는 방식에 있다. 2차 세계대전이 끝난 직후 미국이 획득한 힘은 여태껏 그 어떤 단일 국가가 가졌던 힘보다도 컸다… 한 영국 정치가가 1951년에 한 말을 빌리면, 미국 국민들은 "스스로의 머리 위에 세계 제국의 왕관을 씌울 수도 있었지만," 그렇게 하지 않은 것은 세계사에서 비범하고 중요한 결정이었으며 또 그렇게 인식된다.[3]

이 온건한 패권의 테마는 책임을 다하는 영웅주의의 테마로 보완된다. 신보수주의자들은 테러리즘과 불량 국가에 맞선 전쟁을 주로 미국의 이익 — 미국의 국가 안보에 대한 긴급한 위협에 맞서 싸울 필요와 권리 — 과 관련해 정당화하지만, 필요하다면 무력을 써서 폭군과 맞서 싸운 미국의 전통을 내세우기도 한다. 부시 대통령은 2003년 국정 연설에서 이렇게 말했다.

위협은 새로운 것이지만, 미국의 의무는 친숙한 것입니다. 20세기 내내 소수의 집단이 강대국의 통제권을 틀어쥐고 군대와 군수품을 건설했으며, 약소국을 지배하고 세계를 위협했습니다. 그들의 잔인하고 살인적인 야심은 매번 끝이 없었습니다. 히틀러주의, 군국주의, 공산주의의 야심은 자유 세계의 국민들에 의해, 위대한 동맹군에 의해, 미국의 힘에 의해 번번이 꺾였습니다.[4]

미국은 다시금 전대미문의 권력을 누리고 있고, 세계는 심각한 도전에 직면해 있으므로, 이 모든 것은 미국이 세계적 리더

십이라는 망토를 걸칠 기회라는 — 나아가 그럴 책임이 있다
는 — 주된 메시지의 서곡이다. 부시가 선언한 것처럼, "다시
금 이 나라와 우리의 우방들 모두는 평화로운 세계와 끊임없
는 불안 및 혼돈으로 점철된 세계 사이에 놓여 있다. 우리에게
는 다시금 우리 국민의 안전과 인류의 희망을 방어하라는 소
명이 부여되었다. 그리고 우리는 이를 우리의 책임으로 받아
들이는 바이다."[5]

  이처럼 과거의 황금시대에 호소하는 방법으로, 행정부 대
전략의 큰 윤곽만이 아니라 사담 후세인을 무장 해제하고 권
좌에서 끌어내리는 등의 구체적인 정책 제안을 정당화하기도
한다. 이 수사는 두 가지 논리로 이루어져 있다. 그중 첫 번째
는 신뢰해선 안 될 독재자를 유화적으로 대했을 때의 위험성
을 단적으로 보여 주는 오래된 사례로서 뮌헨의 망령[1938년 영
국과 프랑스 등이 나치에 체코 합병을 허용한 뮌헨 조약을 지칭한다. 이후 히틀러
는 조약을 파기하고 폴란드를 침공하였는데, 그래서 후대에 '뮌헨'은 굴욕적인
유화 정책을 상징하는 말로 쓰이기도 하였다]을 끌어들이는 것이다.

> 미국 국무장관이 전쟁 금지 조약에 서명한 지 십 년 뒤, 윌슨의 "모
> 든 전쟁을 끝내기 위한 전쟁"[1차 세계대전을 말함]이 시작되었다. 그
> 리고 1930년대에 불가침 조약을 신뢰했던 프랭클린 시어도어 루스
> 벨트는 히틀러에게 그가 명시한 국가들만은 침략하지 않겠다는 약
> 속을 해 달라고 요청하였다. 하지만 이윽고 뮌헨과 진주만이 닥쳤
> 고, 그 뒤 이상주의의 시대가 잠깐 부활하는가 싶더니 곧바로 냉전
> 으로 빠져들었다.[6]

두 번째 논리는 이라크와 일본과 독일 사이에 유사 관계를 설정하는 것이다. 행정부가 이라크 전쟁을 정당화하는 주된 논리는 이를 통해 중동에서 민주주의를 꽃피우고 이 지역의 정치적 형세를 변화시키며, 이스라엘-팔레스타인 분쟁의 해법을 찾는 데도 도움이 될 수 있다는 것이다. 이에 대해 평자들은 미국이 전쟁을 통해 민주주의를 일구어 내는 데 성공한 전례가 거의 없음을 지적한다. 행정부가 주장하는 모델은 일본과 독일이다. 부시 대통령은 이라크 전쟁을 정당화하면서, 미국 국민들에게 "적을 쳐부수고 나면 우리는 점령군 대신에 헌법과 의회를 남기고 올 것이다"[7]라고 말했다. 일본 전문가도 독일 전문가도 이 비유에 거의 감명을 받지 않았다. 저명한 일본 전문가인 차머스 존슨Chalmers Johnson은, "그 계획은 먹히지 않는다. 이라크는 일본이 아니라는 단순한 이유 때문이다. 부시의 백악관과 럼스펠드의 펜타곤은 일본에 대해 아는 것이 거의 없는 듯하다. … 나는 한 무리의 중무장한 미국인 이교도들이 과연 이라크에 '민주주의'를 가져다줄 수 있을지 막연한 의구심을 품고 있지만, 50년 전 일본에서 일어난 일이 그 모델이 못 된다는 것은 분명히 알고 있다"[8]라고 썼다.

부시 행정부의 대전략이 — 세계 질서는 변화했는데, 다시금 미국의 패권을 부흥시키고자 한다는 점에서 — 현상 재편적이므로, 그 정치적 수사는 황금시대를 환기하기만 하는 것이 아니라 현재와 9.11 이전의 가까운 과거를 극명히 단절시키고 있다. 2001년 9월 11일이 "세계가 바뀐 날"이었는지 — 이 날을 기점으로 세계 정치의 익숙한 역학과 변수가 영구히 변화하였는지 — 에 대해서는 많은 논쟁이 있었지만,[9] 이 논쟁이 행정부 안에까지 들리지는 않은 것 같다. 과감한 새 의제를 정당화하기 위해서는 과거와의 깔끔한 단절이야말로 너무나 유용했던 것이다. 물론 9.11이라는 전환점에 대한 행정부의 견해의 주축을 이룬 것은 그 세계관의 현실주의적 측면이었다. 이 견해에 따르면, 이 날 이후로 미국 안보와 권력에 대한 위협과 도전의 성격이 바뀌었다. 국방장관 도널드 럼스펠드는 2002년 의회 보고서에 이렇게 썼다. "9.11 테러는 우리에게 세계를 보는 다른 시각을 제시하였다. 21세기의 안보 환경은 우리가 20세기에 직면했던 것과 다르다 — 중요한 측면에서 훨씬 복합적이고 위험하다."[10] 이렇게 안보 환경의 근본적인 불연속을 인식하게 되면서 미국 군사 전략의 독트린과 태도는 대대적인 변화를 겪게 되었다. 이렇게 수립된 새로운 "적극적 forward-leaning" 정책은 다른 행위자들의 위협이 아닌 그 가능성에 초점을 맞추고, 억지보다는 공격적 강제 전략을 우선시하고, 자기 방어의 권리를 예방적 전쟁으로까지 확대하고, 기존에 확립된 동맹보다 임시로 조직된 "의지의 동맹"을 중시하고, 핵전쟁과 재래식 전쟁 사이의 작전상 구분을 모호하게 만들었다.[11]

다른 두 세계

신보수주의자들이 역사를 이용하는 방식은 요모조모 비평할 여지가 많다. 하지만 여기서 나의 관심사는, 현재의 우리가 1945년 직후 미국의 권력의 황금시대와 유사한 순간에 있다는 주된 명제에 국한된다. 앞에서 보았듯이, 이 유추는 두 가지 주장에 근거한다. 첫째로 두 시기 모두 (물질적 권력 자원의 우위라는 관점에서 볼 때) 미국이 세계 권력의 정점에 있으며, 둘째로 역사에서 두 시기 모두 세계가 심각한 도전에 직면해 있다는 것이다. 나는 이 도전의 성격에 대해 좀 다른 견해를 가지고 있지만, 이 두 가정에 의문을 제기하지는 않을 것이다. 미국이 다시금 권력 자원의 중요한 우위를 — 특히 물질적인 측면에서 — 누리고 있다는 점은 논쟁의 여지가 없으며, 국제 사회가 현재 여러 어려움을 맞이하고 있다는 것도 부정할 사람은 거의 없을 것이기 때문이다. 따라서 내 비판은 좀 다른 방향을 취한다. 신보수주의자들이 내세우는 비유는 국가 권력 자원의 순위에 시각을 한정시켰을 때에만 유효하며, 이 경우에 두 시기는 매우 유사하다. 하지만 시각을 넓혀 미국이 물질적 우위를 누리는 주변 맥락을 살펴보면, 두 시기는 근본적으로 다르다. 미국의 권력 자원을 효과적인 정치적 영향력으로 활용하지 못하도록 궁극적으로 방해하는 것은 (신보수주의 권력 이론의 내적 결함과 이로 인해 제 기능을 다하지 못하는 정책과 더불어) 다름 아닌 이 주변 맥락의 차이이다.

　나는 두 시기를 비교하면서 다음 다섯 가지 기준 — 강대
국 간의 안보 의존도, 국제 경제 제휴의 성격, 제도화의 수준,
국가들의 사회의 상대적 자율성, 규범적 행위의 확산 — 에 초
점을 맞추었다. 이 기준들만을 가지고 두 시기의 차이점을 전
부 설명할 수는 없지만, 이는 다음 두 가지 점에서 의미가 있
다. 첫째, 이 다섯 가지 기준은 개별 국가의 자질이 아니라 국
제 및 세계 사회의 특징, 즉 **구조적** 차이를 드러내는 기준이다.
따라서 이들은 가장 강한 행위자의 행동까지도 좌우하고 유도
하는 사회적 한계 및 유인 동기가 된다. 둘째, 다 합하면 이 기
준은 상당히 포괄적이다. 여기에는 현실주의자와 신자유주의
자부터 국제 사회 이론가와 구성주의자들까지, 다양한 견해를
지닌 학자들이 공통적으로 강조하는 국제 사회의 특징들이 두
루 포함된다. 이러한 특징에 대한 나의 견해는 이러한 학자들
이 제시한 표준적인 해석과 다소 다를 수 있지만, 그럼에도 불
구하고 대개는 국제 사회의 이러한 측면의 중요성을 인식하리
라 믿는다.

안보 의존

1945년 직후 시기와 오늘날의 맥락이 주된 차이를 보이는 점
중 하나는 강대국들 간의 안보 의존도와 공동의 위협에 대한
인식이다. 이미 보았듯이, 신보수주의자들은 그때나 지금이나
미국이 상당한 격차를 두고 물질적 우위를 — 특히 군사적 우
위를 — 누리고 있기 때문에 두 시기가 비슷하다고 주장한다.

2장에서 설명한 대로, 이 가정에 따르면 이러한 우위는 50년 전에 그랬던 것처럼 아무 문제없이 정치적 영향력으로 이어질 수 있다. 그러나 이 가정은 1945년 직후 미국의 영향력을 유지하는 데는 강대국들 간의 안보 의존과 공동의 위협 인식이 중요한 역할을 했으며, 오늘날에는 그러한 의존도와 위협 인식이 현저히 줄어들었음을 무시하고 있다.

1945년 직후 시기에 비공산권 국제 체제의 특징은 미국의 단순한 군사적 우위만이 아니라, 미국의 군사적 위치의 이례적인 성격에 있었다. 서구 주요 국가들 가운데 미국은 자신과 우방을 방어할 능력을 지닌 유일한 국가였다. 영국과 프랑스는 군사력을 다 소모했고, 독일과 일본은 무장 해제되었다. 냉전이 고조되면서 이 나라들은 자기들의 존립 안보를 미국에 근본적으로 의존하게 되었으며, 공동의 위협에 대해 강하게 인식하고 있었기 때문에 이 의존은 더욱 심화되었다. 그렇다고 미국이 그 이례적인 위치에 항상 자신만만했다는 말은 아니다. 소련과 경쟁해야 할 필요성이 커지자, 미국 정부는 1940년대와 1950년대의 상당 기간 동안 유럽의 많은 국가에서 토착 공산주의자들이 지배권을 잡을까 봐 두려워하였다. 게다가 미국과 그 동맹국들이 공산주의의 위협의 정확한 본질에 대해 항상 의견이 일치한 것도 아니었으며, 냉전이 진행되면서 위협에 대한 인식도 변화를 겪고 제각각 갈라졌다. 또 1980년대 무렵이 되면 후진 동맹국들의 안보 의존도는 30여 년 전에 비해 비할 데 없이 약화되었음을 지적해야 한다. 내가 제시하고자 하는 요점은 미국이 전후 패권의 정점에 있을 때 — 즉, 미국이 바쁘게 신세계질서의 "규칙을 정하였을" 때 — 다른 비공산주의 국가들은 미국의 보호에 깊이 의존하였으며, 이 의존은 공동의 위협에 대한 확고한 인식에 의해 뒷받침되었다는 것이다. 이러한 상황은 미국의 군사적 우위의 크기만큼이나 현대 국제사國際史에서 독특한 현상이다.

오늘날의 상황은 전혀 다르다. 미국은 군사적 우위를 누리고 있지만, 그 지위는 이례적일 정도는 아니다. 확실히 미군은 그 힘이 전 세계에 미치는 유일한 군대이고, 수적 · 기술적으로 나머지 국가들보다 한 발 앞서 있으며, 국방 예산은 가장 근접한 경쟁자들을 다 합쳐도 상대가 안 될 정도이다. 그러나 다른 주요 국가들은 이제 더 이상 존립 안보를 미국에 깊이 의존하지 않으며, 공동의 위협에 대한 인식도 희미해졌다. 유엔 안보리의 다섯 개 주요국은 모두 반격용 핵무기를 비축하고 있으며, 일본과 독일은 러시아와 중국의 (가능성이 낮은) 침공을 제외한 대부분의 위협에 대응할 능력이 있는 상당한 기술 수준의 방어력을 갖추고 있다. 러시아와 중국은 미국과 불확실한 안보 관계에 놓여 있으며, 미국의 전통적인 동맹국들은 여전히 그 지역에 개입하고 있는 미국의 관리 하에 놓여 있기는 하지만, 그 개입의 성격과 정도를 둘러싸고 미국과의 의견이 수시로 불일치하고 있다. 미국에 대한 존립 안보 의존이 사라진 것은 일부분 강대국 간에(혹은 그중 주요 집단 안에서) 공동의 위협에 대한 강력하고 일관된 인식이 사라진 결과로 볼 수 있다. 9.11 이후 미국 정부는 전 지구적 테러리즘과 불량 국가의 연계를 국가 공동체에 대한 공동의 위협으로서 제시하고

자 갖은 노력을 기울였지만, 아프가니스탄의 탈레반을 타도한
이후 "반反테러 동맹"은 주로 치안 및 정보 협력 네트워크로
그 명맥을 유지하였으며, 부시 행정부가 예방적 전쟁이라는
새로운 독트린을 이라크에 처음 적용했을 때는 그에 대한 반
대 의견만이 목소리를 높였을 뿐이다.

경제적 제휴

1장에서 지적했듯이, 1980년대 후반까지만 해도 여러 학자들
은 미국의 우위가 아닌 상대적인 쇠퇴에 관심이 있었다. 레이
건주의는 경제가 상대적으로 쇠퇴하는 시기에 패권의 유지비
용을 늘려, 미국을 제국의 무리한 확장이라는 고전적 덫으로
밀어 넣었다는 것이다. 그러므로 1945년 직후 시기와 차이점
을 대비했으면 했지, 유사성을 강조하지는 않았다. 그러나
1990년대 말경에 상황은 역전되었다. 미국 역사상 가장 오랜
경제 성장이 지속되면서, 전 세계 GNP에서 미국이 차지하는
비율은 23퍼센트에서 33퍼센트로 껑충 뛰었다. 이 극적인 부
활 덕분에 신보수주의자들은 패권 부활 기획에 박차를 가하
고, 전후 시기와 오늘날 사이에 한 가지 유사성을 이끌어 올
수 있었다. 물론 문제는 이 비유가 두 시기의 중요한 맥락상의
차이점을 은폐하고 있으며, 그것은 물질 자원을 정치적 영향
력으로 변환하는 미국의 역량과 중요한 관련이 있다는 점이
다. 이 차이점 중에서 가장 중요한 것은 강대국들의 상대적 경
제 의존도와 (새로운 경제) 제도를 창건할 여지이다.

군사 영역과 마찬가지로, 2차 세계대전 이후 미국의 경제
적 위치는 단순히 탁월한 정도가 아니라 이례적인 수준이었
다. 이는 1954년까지 전 세계 GNP의 거의 45퍼센트를 차지한
미국 경제의 크기만 보아도 분명하다. 여기에 더해 전후 체제
의 두 가지 특징을 살펴보면 미국의 힘은 더욱 뚜렷해진다. 첫
째, 2차 세계대전 이후 최소한 10년 동안 서구 유럽 국가와 일
본의 미국에 대한 경제 의존도는 군사 의존도와 거의 비슷한
수준이었다. 1948년까지 유럽의 전후 복구는 멈추어 있었고,
경기 침체가 장기화되면 공산주의가 퍼져 나가고 미국 경제가
해를 입을까 두려워한 미국은 서유럽 경제에 133억 달러를 투
입하는 5개년 마셜 플랜을 실시하였다. 물론 이 정도 수준의
의존은 곧 사라졌고, 냉전이 고조되면서 미국은 소련과의 경
쟁으로 인해 미국 경제에 무리가 가지 않을까 우려하였다. 하
지만 미국이 1945년 직후 국제 질서의 윤곽을 잡은 시기에, 주
요 비공산주의 국가들이 경제적으로 미국에 의존했다는 것은
사실이다. 둘째, 1945년 이후 미국은 제도적으로 발달이 덜 된
환경에서 지배적인 제도 창건 주체rule-entrepreneur로서 자신
의 국제 경제적 이익을 추구할 수 있었다. 그렇다고 해서 브레
턴우즈 체제[금 본위 고정 환율을 기본으로 한 국제 통화 체제로서, 1944년 뉴
햄프셔 브레턴우즈에서 미국의 주도로 44개국이 참가한 가운데 출범하여 1973년
까지 유지되었다]가 미국의 독재에 불과했다는 말은 아니다. 오히
려 그 반대로, 미국이 국제 경제 제도의 복잡한 시스템을 새롭
게 창출하는 리더십을 떠맡았다는 말이다. 한 국가가 이러한
기회를 누린 예는 전무후무하다.

21세기로 들어오면서 이러한 특권적 환경은 거의 남아 있지 않다. 전 세계 GNP에서 33퍼센트의 지분을 갖고도 이것이 미국의 권력과 영향력에 거의 도움이 되지 않는다면 이상한 일일 것이다. 그러나 미국 경제의 규모가 일정한 구조적 이점 — 이를테면 시장 접근을 불허함으로써(혹은 불허하겠다고 위협함으로써) 휘두를 수 있는 영향력 — 이 있기는 해도, 그 이점은 예전만 못하다. 우선 미국은 (아마도 러시아를 제외한) 타 강대국들과 경제적 의존자로서가 아니라 각기 독립된 중요한 경제체로서 마주하고 있다. 경제적 상호 의존이 오늘날의 질서이다. 그리고 미국이 다른 나라보다 전 지구적 경제망의 다른 지역에서 일어나는 발전에 덜 민감하고 덜 취약할지는 몰라도, 미국은 세계 경제의 건전성을 위해 이미 엄청난 투자를 했으며, 타 강대국들도 미국 경제의 건전성에 따라 지대한 영향을 받는 만큼, 미국은 더 이상 예전처럼 새로 떠오르는 제도 질서 속의 지배적 제도 창건 주체로서 창조적 자유를 누리지 못하게 되었다. 세계 경제는 이제 조밀하게 제도화되었으며, 비록 세계은행이나 국제통화기금(IMF)에서 투표권에 가중치가 주어지는 등 미국이 제도적 이점을 누리기는 하지만, 이 또한 국제 무역을 지배하는 호혜적 규칙의 망을 벗어나지 못한다. 뒤의 절에서도 설명하겠지만, 이러한 세계에서는 제도의 혁신도 이미 구조화된 제도적 환경 내에서 일어나며, 행위자가 그 제도적 틀에서 탈퇴하려고 하지 않는 한 행위자들의 창조적 전략은 이미 확립된 절차적·실질적 규칙의 제약을 받는다.

제도화

군사적 · 경제적 우세와는 달리, 제도화는 신보수주의자들의 논리에서 주된 요소가 아니다. 2장에서 설명했듯이, 권력에 대한 그들의 시각은 원자적이고 주관적이므로, 제도나 기구는 1945년 직후건 오늘날이건 미국의 권력 자원으로 평가되지 않는다. 그러나 국제 제도의 성격과 밀도가 국가 권력의 행사 및 표현에 영향을 준다는 사실을 가장 완고한 현실주의자들만 빼고 모두가 인정하고 있으므로 — 비록 2장에서 상술한 구성주의적 입장에 모두가 동의하지는 않겠지만 — 제도화의 발전 과정을 살펴보는 일은 매우 중요하다.

2차 세계대전 이후 미국의 제도적 혁신에 대해서는 확립된 표준 설명 방식이 있다. 세계 권력의 정점에 있던 미국은 국제 평화와 경제 성장과 인도주의적 복지를 증진할 야심찬 제도적 구조물의 건설을 지원하는 것이 장기적 관점에서 이익이라고 판단했으며, 나아가 이를 이루기 위한 국제적 집단행동에 드는 실질적 비용을 지불할 준비가 되어 있었다는 설명이다. 어떤 차원에서 보면, 이 설명은 대체로 옳다. 미국은 전후의 제도 및 기구 설립에 상당한 에너지를 투여한 것이 사실이다. 다른 차원에서 보면 이 설명은 현실을 오도하고 있다. 미국은 어디까지나 이미 존재한 제도적 환경 내에서 새로운 제도를 건설하는 프로그램을 수행하였다. 이는 제 기능을 하는 레짐들의 광범위한 네트워크가 전쟁 중에도 파괴되지 않고 살아남았다는 의미가 아니라(물론 일부는 그랬지만), 미국이 제도를 건설하는 과정에서 중요한 구실을 한 다자주의와 국제법의 기본 규범이 거의 한 세기 이전에 명문화된 것이라는 의미에서이다. 미국이 한 일은 이러한 원칙을 구체적인 제도로 표현하여 새로운 레짐을 창출한 것이다. 그중에서 특히 두드러진 것은 앞의 절에서 언급한 브레턴우즈 경제 체제이지만, 유엔 자체, 주요 인권 규약, 그리고 시간이 흐르면서 수립된 주요 무기 통제 조약들도 여기에 포함된다. 따라서 1945년 이후 미국이 수행한 제도 혁신을 있는 그대로 말하자면, 규범적으로 이미 구축되어 있던 설계도를 바탕으로 하여 새로운 제도를 비교적 자유롭게 대량 건설했다고 할 수 있다.[12]

오늘날의 상황은 세 가지 중요한 측면에서 당시와 다르다. 첫째, 1945년 직후 시기처럼 현재의 제도적 환경도 규범적으로 이미 구축되어 있다. 따라서 새로운 협력 틀을 만들어 내고자 하는 국가는 특정한 유형의 제도적 협력을 선호하는 견고한 실행 규범과 맞부딪치게 되는데, 그중 가장 두드러지게 남아 있는 것이 바로 다자주의의 규범이다. 과거와 지금의 주된 차이점은 모든 이슈 영역에서 작동하는 수천 개의 다자주의적 레짐을 구축하고 작동시키는 과정에서 다자주의 규범이 관례화되었다는 것이다. 물론 국가들은 일방주의 같은 다른 제도적 관습을 택하기도 하지만, 대부분의 중요한 영역(특히 안보와 경제 영역)에서는 다자주의적 제도가 협력의 배경 틀이 되는 것이 규범이다. 둘째, 제도의 변화 또는 수정의 범위가 절차적으로 이미 구축되어 있는 경우가 전쟁 직후보다 훨씬 많아졌다. 일반적인 차원에서 다자주의 규범은 국가가 확립하는 제도의 유형만을 지시하는 것이 아니라, 기존의 규칙을 변화시키는 메커니즘까지 규정한다. 가장 구체적인 차원에서, 특정한 제도는 저마다 수정에 대비한 절차적 규칙을 지니고 있다. 일례로 선제 전쟁을 보다 큰 폭으로 허용하는 방향으로 유엔 헌장이 개정되기를 원한다고 호주 정부가 말한 바 있지만, 이는 총회에서 3분의 2의 과반수 득표를 얻어야만 이루어질 수 있다. 셋째, 오늘날 제도화의 밀도는 예전보다 훨씬 높아졌다. 이제는 사실상 국제 협력의 모든 측면이 제도화되어 절차적·실질적 규칙의 복잡한 그물을 이루고 있다. 이는 제도 정치를 복잡하게 만들기도 하지만, 동시에 국가들에게 (서구 열강들이 코소보 위기 때 그랬던 것처럼 안보리에서 나토로 건너뛰는 등의) "제도 간 도약institution-hop"의 기회를 주어 자신의 이익을 실현할 힘을 부여하기도 하며, 반대로 한 지역에서 규칙을 준수하지 않는 국가를 다른 지역에서 제재하는 등 제약을 가하기도 한다.

국가들의 사회의 상대적 자율성

국제 관계 학자들은 두 가지 중요한 개념 구분을 자주 한다. 첫 번째는 "국제 체제international system"와 "국제 사회international society" 사이의 구분이다. 국제 체제는 "두 개 이상의 국가가 서로 충분히 접촉하고 서로의 의사 결정에 충분한 영향력을 주고받은 결과 — 최소한 어느 정도는 — 전체의 일부분으로서 행동하게 되었을 때 형성되는 것"[13]이다. 그리고 국제 사회는 이와 달리, "특정한 공동의 이익과 공동의 가치를 의식하는 한 국가 집단이, 공동의 가치에 의해 서로 엮여 있다고 인식하며 공동의 제도를 함께 운영한다는 의미에서, 한 사회를 이룰 때"[14] 존재하게 된다. 두 번째는 국제 사회와 "세계 사회world society"의 구분이다. 세계 사회는 국가 집단만이 아니라, "인간 공동체의 모든 부분을 잇는 상호 작용 그리고 공동의 이익과 공동의 가치에 대한 인식"을 모두 포함하며, "이를 기반으로 하여 공동의 규칙과 제도가 설립된다."[15]

  신보수주의자들의 비교는 국제 관계에 대한 전체적 이해 — 50년 전이나 지금이나 중요한 것은 무정형의 국제 사회 혹은 세계 사회의 변화하는 정치가 아니라 바로 미국의 물질적 우위라는 — 에 의거한다. 그러나 109페이지에서 우리는 제도야말로 국제 사회의 영구적인 특징이며, 과거에 미국이 현재의 제도적 구조물을 구축하는 데 중요한 역할을 했으며, 지난 50년 동안 이 구조물은 중요한 방향으로 한층 복잡해져 왔음을 확인하였다. 그럼에도 우리는 1945년 이후 일어난 전 지구적 사회 변화의 의미 있는 측면들 중 하나를 아직 고려하지 않았다. 그것은 바로 국제 사회와 세계 사회 사이의 관계의 변화이다.

  국가는 사회적 구성물 — 심원한 사회적 힘의 산물 — 이므로, 국제 사회가 세계 사회로부터 진짜로 자율적이었던 적은 단 한 번도 없다. 나폴레옹 전쟁 이전에 국가의 주권은 신이 왕에게 내린 권리라는 독트린에 의거하였지만, 이 독트린은 단순히 절대주의 국제 사회의 특징에 그치는 것이 아니라 유럽 사회 일반의 문화적 속성이었다. 그래도 우리는 국가들의 사회의 상대적 자율성의 정도가 변화해 온 과정에 대해 이야기할 수 있다. 사실 미국의 패권이 전성기를 누릴 당시만 해도 세계 사회의 행위자와 과정은 오늘날처럼 국제 사회에 침투하지 못했다. 이 시기와 그 이전에 비국가 행위자들이 국제 사회의 원칙과 관습에 영향을 미쳤던 유명한 예로는 반노예제 운동, 전쟁법을 성문화하는 데 수행한 역할, 주요 인권 규약을 공포하는 등 의제 설정에 기여한 부분 등을 들 수 있다. 그러나 2차 세계대전까지만 해도 "구외교"가 국제 관계를 지배했으며, 그 와중에 국가들은 국제 제도 정치에 세계 사회의 힘이 미치지 못하도록 차단하는 데 대체로 성공했던 것이 사실이다.

21세기에 들어오면서 국제 사회는 점점 더 세계 사회 속으로 내재화된다. 무기 통제, 환경 보호, 국제 형사법, 전 지구적 금융 규제, WTO 협상, 그리고 심지어 이라크 전쟁을 둘러싼 논쟁 등의 영역에서 국가 간 협상은 — 국제 앰네스티나 그린피스 같은 "도덕 집단moral entrepreneurs"에서부터 초국적 기업 집단에 이르기까지 — 비국가 행위자들의 정치에 둘러싸이거나 좌우되기에 이르렀다. 이러한 흐름은 다음 세 가지 변수에 의해 더욱 촉진된다. 첫째, 자유주의적 국제 질서가 민주적 주권과 국제 자유 무역이라는 양대 기둥에 의거하기 때문에, 그 핵심 규범은 현대 국가에 존립 근거를 제공하기도 하지만, 비국가 행위자들 또한 그 규범에 호소하여 국가 권력을 제한하거나 유도할 힘을 얻게 된다. 국내 사회에서도 그렇지만,

자유주의는 국가 권위의 본질적 구성 요소이면서 동시에 국가 권위를 잠식하기도 한다. 둘째, 세계 정치에서 비국가 행위자의 행위 능력은 "세계화"라는 무정형의 과정과 결부된 정보 통신·기술 혁명에 의해 크게 촉진되었다. 이제 국제 회의장에서 국가 대표자가 비국가 행위자의 조직적 능숙함에 대해 한탄하는(혹은 탄복하는) 것은 흔한 일이 되었으며, 시애틀 등의 반세계화 집회나 2003년 2월 15일 이라크 전쟁에 대한 전세계 반대의 날 등에서 극적으로 드러났듯이, 이들은 전 지구적 정보 통신 기술을 능숙히 활용하여 전 세계적 항의 시위에 크게 기여하기도 했다. 셋째, 국제 기구가 수행하는 "문지기" 역할이 세계 사회에서 비국가 세력을 증대시키는 데 중요한 변수로 작용하였다. 애초에 이들 기구는 "국가에 의해 국가를 위해" 만들어졌지만, 일정한 자율성을 발전시키고 그 권한을 재규정하여 시민 사회 행위자에게도 문호를 개방하는 일이 많아졌다.[16]

신보수주의자들은 국제 관계를 전체적 관점에서 이해하는 한편, 국제적·전 지구적 차원의 사회적 힘을 그들의 세계관에서 논외로 한 채, 비국가 행위자들의 증가하는 정치적 돌출 현상에 대해 이제 거의 히스테리에 이를 정도로 점점 더 불안해하고 있다. 그 증거는 최근에 신보수주의 두뇌 집단인 미국기업연구소American Enterprise Institute에서 주최한 한 회의이다. 이 회의의 연사들은 비정부기구(NGOs)들이 유엔과 같은 다자주의 기구와 손을 잡고 전 지구적 거버넌스를 내세우는 좌파 자유주의적 의제 — 국가와 기업을 제약하려는 의제 —

를 추구하는 데 대해 공격하였다. 이 연구소는 여기에 맞불을 놓기 위해 세계 사회 행위자들의 운영과 자금과 의제를 감시하는 새로운 웹사이트(NGOWatch.org)를 열었다고 발표했다.[17]

규범적 행위의 확산

크라우트해머는 미국을 향해 "당당하게 세계 질서의 규칙을 세우고 그것을 집행할 준비를 함"[18]으로써 자신의 권력을 적극적으로 받아들이라고 간청하면서, 규범적 행위에 대한 — 국제 사회의 규칙이 어떻게 수립될 수 있고 또 되어야 하는가에 대한 — 주장을 전개하였다. 이 주장은 서로 연결된 세 가지 생각으로 이루어져 있다. 첫째, 미국은 궁극의 규범적 행위자이다(혹은 될 수 있다). 둘째, 규범적 행위란 (딱딱하게는) 명령을 지시하고 (유연하게는) 문화적 유인력을 발산하는 것을 말한다. 셋째, 미국은 규범적 행위를 수행할 권리(나아가 의무)가 있다.

앞에서 지적한 대로, 1945년 직후 시기에 미국은 — 물론 이미 존재하고 있던 구조적 규범의 틀 안에서지만 — 상당한 규범적 행위를 수행하였다. 그러나 흥미롭게도, 미국의 패권이 정점에 이르렀을 때조차도 미국은 신보수주의자들이 옹호하는 것과는 매우 다른 형태의 규범적 행위를 수행하였다. 전후 국제 사회의 비교적 제한된 범위 내에서, 미국의 정책 결정권자들은 규범적 행위가 명령이 아니라 협상의 한 형태임을 이해하였다. 그들은 대화를 통해서만 사회적 지지력을 갖춘 규칙을 확립할 수 있음을 이해하였다. 그리고 규칙을 협상하려면 미국의 권력을 단순히 휘두르는 것이 아니라 묶어 둘 필요가 있음을 이해하였다. 이러한 이해는 미국이 전후 다자주의에 적극적으로 참여했기에 가능했던 것이다. 또 이 참여를 통해 중요한 여러 영역에서 미국의 외교가 그 모습을 갖추었으며, 유엔의 전반적 구조와 브레턴우즈 제도와 나토의 안보 정치의 성격에 영향을 미치기도 했다.[19] 그중 나토와 관련하여, 스티브 웨버Steve Weber는 "미국의 정책 결정권자들은 동맹 안에서 다자주의를 증진하기 위해 최선을 다했다. 특히 전쟁 억지의 급박한 상황이 닥쳤을 때, 결정의 중요한 지점마다 다자주의의 원칙에 잘 부합하거나 피해를 덜 미치는 방향을 택했다"[20]고 언급하였다.

따라서 1945년 직후 시기에 미국은 권력 자원에 있어 그 적수가 없었으며, 비교적 제한되고 자율적인 국제 사회의 테두리 안에서 움직였지만, 신보수주의자들의 아전인수식의 규범적 행위 양식을 따르지는 않았다. 그와 대조적으로, 부시 행정부는 규범적 행위에 대한 신보수주의의 시각을 내면화했으면서도 당시보다 훨씬 더 복잡한 전 지구적 사회 질서 안에서 움직이고 있다. 앞의 절에서 우리는 국제 사회가 세계 사회의 힘과 과정 속에 점점 매몰되어 가고 있는 것을 확인하였다. 이러한 현상의 한 측면은 바로 규범적 행위의 확산으로서, 다시 말해 규범적 의제를 형성하고 새로운 국제 규범을 퍼뜨리며 기존 규범의 해석에 영향을 미칠 수 있는 능력을 지닌 사회적 행위자들의 범위가 증가하고 있다는 말이다.

물론 이러한 현상을 과장해서는 안 될 것이다. 여전히 주권 국가들은 유리한 법적 특권과 지위를 누리고 있으며, 몇몇 강대국들은 안보리의 거부권 같은 구조적 이점을 보유하고 있다. 그리고 미국은 현재의 행정부가 판단하는 것보다 훨씬 넓은 범위의 정치적 자원을 지니고 있다. 그러나 크든 작든 모든 국가는 이제 다른 행위자가 국제적 의제에 대해 문제를 제기하고, 새로운 규범적 기획에 대해 국제 여론을 동원하고, 국가가 국내 관할권을 행사하며 국제적으로 이익을 추구하는 도덕적 영역에 제약을 가할 수 있는 세계와 협상해야 하는 것도 사실이다. 대인 지뢰 불법화 운동, 국제형사재판소 창설, 다자간 투자 협정Multilateral Agreement on Investment의 실패는 그러한 행위 능력의 유명한 사례들이다. 신보수주의자들은 미국이 이라크 문제와 관련하여 안보리에서 그랬던 것처럼, 미국의 권력이 확고하므로 국제 의제에 결론을 강요할 역량이 있다고 주장하곤 한다. 그러나 다른 국가들이 미국의 발의에 응답해야 했듯이, 미국도 국제형사재판소를 무효화하기 위해 미친 듯이 외교 활동을 벌여야 했지만, 결국 완전히 성공하지는 못했다.

세계 질서의 도전

앞서의 논의는 신보수주의자들의 주요 논리가 근본적으로 결함이 있음을 제시하는 것이었다. 오늘날 미국은 확실히 50년 전과 마찬가지로 상당한 정도의 물질적 우위를 지니고 있다. 그러나 미국이 그 자원을 가지고 정치적 영향력을 행사하는 맥락은 극적으로 바뀌었다. 다른 강대국들은 더 이상 미국에 자신의 존립 안보를 의존하지 않으며, 공동의 위협에 대한 인식은 희미해졌다. 경제적으로도 미국에 대한 일방적 의존이 아닌 주요 국가들 사이의 상호 의존이 오늘날의 질서로 자리 잡았다. 제도적 환경은 이미 조밀하게 구축되었고, 세계 사회는 국제 사회 깊숙이까지 침투하였으며, 규범적 행위는 상당한 정도로 확산되었다. 이것만으로 미국의 과업이 충분히 복잡해지기에는 부족하다 할 수도 있지만, 그게 아니라도 국제 공동체는 지금 — 주권 국가와 자유 시장 경제라는 두 가지 현상의 통합으로 인한 — 수많은 체제 도전에 직면해 있다. 이 통합에는 전 지구적 거버넌스에 심대한 도전을 제기하는 수많은 중대한 부작용이 뒤따른다. 특히 전쟁의 "토착화," 전 지구적 부의 만성적인 불균형한 배분, 지구 생태계의 위기 등이 심각하다. 이들 모두는 국가 공동체에 진지한 집단적 대응을 요구하며, 어떤 국가도(심지어 미국도) 그 결과를 피해 갈 수 없다. 이 문제를 다루기 위해서는 광범위한 협력이 필요하며, 협소한 자기 이익에 집착한다면 그러한 협력이 이루어지기 힘들다.

국가와 자유 경제의 세계화

평자들은 세계화를 국가와 정반대의 자리에 놓인 장기적 과정으로 상정함으로써 세계화와 국가를 서로 대치시키곤 한다. 그러나 세계화의 가장 주목할 만한 측면 중 하나는 바로 국가 체제 자체의 세계화이며, 이는 곧 전 지구적 자본주의와 커뮤니케이션 등을 뒷받침하는 정치적 구조물로 기능한다. 세계사에서 처음으로 지구 전체는 영토가 서로 분리되고 권력이 저마다 중앙으로 집중된 여러 개의 정치 단위로 쪼개지게 되었으며, 이들은 자기 국경 내에서 독점적인 관할권을 지닌다. 과거의 대제국들은 붕괴하였으며, 남은 도시 국가들은 역사적 예외가 되었다. 이 모든 일들이 지난 50년 사이에, 주로 유럽 제국들의 대대적인 소멸을 거치면서 일어났다. 그동안 세계는 50개국에서 거의 200개국으로 늘어났다. 따라서 국가의 전 지구적 승리는 초국적 기업만큼이나 세계화의 확실한 표시이다.

　이 승리는 정치적 · 군사적 투쟁과 국제법의 정치라는 두 가지 힘의 산물이었다. 정치적 · 군사적 투쟁으로 말하자면, 유럽의 초기 근대 국가들은 지방의 정치 엘리트와 그들의 대내외적 경쟁자들과의 폭력적인 경쟁 가운데서 출현하였다. 찰스 틸리Charles Tilly가 상기시켜 주었듯이, 전쟁이 국가를 창조하였다. 물론 이 과정이 진행되는 동안 유럽의 주권국들은 지구 전체에 그 촉수를 뻗었으며, 맨 처음으로 아메리카에, 다음으로 아시아–태평양과 아프리카에 차례로 식민지를 건설했다. 츠베탕 토도로프Tzvetan Todorov의 『아메리카의 정복*The Conquest of America*』에서 있는 그대로 보여 준 것처럼, 이 또한 폭력적인 과정이었다.[21] 그러나 주권국/제국 질서의 잡종은 그 전성기가 짧아 19세기의 마지막 10년가량에 불과했다. 그 이후로 유럽 국가들은 최종적인 전쟁 상태로 돌입하며, 반식민 민족주의자들은 — 비폭력적인 혹은 그렇지 않은 수단으로 — 식민 해방을 위해 싸우게 된다. 이렇게 폭력적인 국가 형성의 역사가 펼쳐짐에 따라 그 각 단계에서 국제법이 연루되었다. 베스트팔렌 조약Peace of Westphalia과 유트레히트 조약에서 주권의 원칙을 신성화한 것은 바로 법이었고, "문명의 표준stand-ard of civilization"[22]을 통해 유럽의 제국주의에 면허를 부여한 것도 법이었다. 그러나 궁극적으로 제국주의의 정당성을 박탈한 것도 역시 법이었다. 1차 탈식민 국가들은 새로 획득한 영향력을 유엔에서 발휘하여 새롭게 부상한 인권 규범과 자결권을 접합하였으며, 이것이 확립되자 유럽 식민주의의 도덕적 · 법적 기반은 무너졌다.[23] 그 이후로 영토 정복이나 왕위 계승 등 과거에 임의로 행할 수 있었던 권한이 배제되고 주권 평등, 불간섭, 자결 등의 법적 원칙이 확립되면서, 새롭게 승리를 거둔 국가 체제는 안정을 찾게 된다.

이러한 정치적 발전은 실제적 · 관념적 차원에서 자유 시장 경제의 세계화와 나란히 진행되었다. 그 실제적 차원은 잘 알려져 있다. 2차 세계대전 이후로 세계 무역 규모는 생산의 초국가화transnationalization에 힘입어 엄청나게 증가했다. 1970년대 후반 이후로는 고정 환율제에서 변동 환율제로 변화하는 추세에 자극받아 전 지구적 금융 흐름의 속도 또한 이에 걸맞게 증가했다. 또 외국인 직접 투자의 흐름도 마찬가지로 극적인 증가세를 보였다. 여기에 최근에 전 지구적 정보 통신 기술 혁명이 일어나면서 이 모두는 더욱 증가되었다. 현재의 경제적 상호 의존의 수준이 19세기를 능가하는지 여부에 대해서는 다소 논쟁이 있지만, 1940년대 후반 이후 불어 닥친 변화의 규모를 의문시하는 사람은 거의 없다. 그리고 현대 국가의 존립 근거에서 경제적 관리가 가장 중요한 위치를 차지하면서, 경제적 상호 의존이 정치적으로 보다 큰 의미를 띠게 되었다는 것은 대부분이 인정하고 있다.

자유주의 경제의 세계화의 관념적 차원은 그보다는 덜 친숙하다. 경제학자들은 자유화가 곧 사물의 자연스런 질서라고 말했지만, 정치가들은 세계화를 사회가 어쩔 수 없이 적응해야 할 막을 수 없는 힘으로 제시하였다. 이는 자유주의 경제 사상의 철저한 승리를 나타낸다. 이 승리에는 세 가지 핵심적인 순간이 있었다. 첫 번째는 2차 세계대전 이후 자유주의 원칙에 의거하여 — 완전 고용을 유지하려는 유럽의 이해관계에 부응하여 다소 수정되었지만 — 브레턴우즈 제도가 구축되었을 때이다. 두 번째는 1980년대에 주요 산업국에서 신고전파 경제학이 케인스주의에 승리를 거둔 것이다. 영국에서 대처주의가 도래한 것이 그 승리의 상징이다. 세 번째 역시 1980년대에 일어났다. "사실상 모든 곳에서, 개발도상국들이 국내 경제에 개입하는 방식을 개조하기 시작했다. 국내 무역과 투자 정책을 자유화하고, 국유 기업을 민영화하며, 다양한 경제 개혁을 보다 보편적으로 추구하게 되었다."[24] 21세기 초입에 들어서면서 신국제경제질서New International Economic Order를 요구하는 제3세계의 움직임은 사멸하고, 자유주의 경제가 전 지구적 종교가 되었다.

이 종교와 그 속에서 이루어지는 실천은 세 가지 힘에 의해 결합된다. 첫 번째는 경제적 세계화 자체의 구조적 특징이다. 세계화로 발생한 세계 시장은 경제·정치 행위자들에게 동기와 제약을 동시에 부여한다. 무역, 생산, 금융 상호 작용의 네트워크는 관례화되고 규범적으로 허용된 실천에 기반하며, 이 실천은 총체적 실재로서의 개별 행위자와 충돌을 빚는다. 자유 시장 자본주의의 이데올로기가 상상력을 식민화해 버려 다른 대안은 거의 고려되지 않는다. 두 번째는 국가 자체의 역할이다. 2차 세계대전 이후 자유 시장 경제의 국제적·제도적 기반을 확립하는 데도 국가의 행동이 필요했지만, 국가는 국내에서 조정 정책을 활발히 펼치는 동시에 국제적 차원에서 지속적으로 제도를 혁신해야 한다. 물론 이는 사회과학에서 친숙한 '구조와 행위 능력' 개념의 문제이다. 즉, 행위자의 관례화된 실천이 있음으로써 구조가 존재하는 것이지만, 그럼에도 불구하고 구조는 협상이 불가능한 행동 변수인 행위자와 충돌을 빚는다. 세 번째 결합력은 국제 경제 제도 및 기구이다. 국가들은 국제적 행동을 조정하기 위해 기구를 결성하며, 이것은 정확히 GATT(그리고 WTO) 같은 제도가 하는 일이다. 이들은 국제 경제 관계를 — 사회적으로 허용되고 점차 강제성이 커지는 — 규칙·규범 체계 속에 안착시킨다. 세계은행이나 IMF 같은 국제 기구는 자유 시장 경제의 건전성을 유지하려는 국가들에 의해 설립되었으며, 시간이 지남에 따라 (특히 개발도상국의) 국가 정책을 신고전파 경제학의 제한된 변수 안에 가두는 강력한 징계 행위자가 되었다.

세 가지 부작용

역사적으로 국가와 시장이 안보와 번영이라는 존재론적 목표
를 실현하는 수단으로 묘사되기는 했지만, 주권 국가 체제와
자유 시장 경제가 전 지구적으로 공고화되면서 현재 국제 질
서와 거버넌스에 심대한 도전을 제기하는 중요한 부작용이 발
생했다. 그중 첫 번째는 전쟁의 "토착화"이다. 이 용어는 국가
간 전쟁이 순화되는 현상과, 국내적 · 초국적 민간 폭력의 중
요성이 상대적으로 커지는 현상을 둘 다 포착한 것이다. 현대
국제 사회의 역사에서는 세 가지 형태의 조직화된 폭력이 주
류를 이루었다. 영토 경쟁으로 인한 국가 간 폭력, 국가 건설
과정에서 발생한 국가 내 폭력, 반체제 운동의 현상 재편적 폭
력이 그것이다. 이 중 첫 번째는 오랫동안 국제 질서의 주된
위협으로 여겨져 왔다. 나폴레옹 전쟁, 1차 세계대전, 2차 세계
대전의 참화는 인류의 의식에 깊이 새겨졌다. 그러나 정치 엘
리트들이 민족적으로 동질적인 국가를 건설하여 스스로의 정
당성을 강화하려는 과정에서 자기 국민들을 향해 저지르는 폭
력 역시 파괴적이기는 국가 간 폭력에 못지않다. 아르메니아
학살, 나치 홀로코스트, 캄보디아 학살, 르완다 학살, 구 유고
슬라비아의 인종 청소 등이 우리의 의식을 형성했다. 이 두 가
지 폭력의 공포로도 충분치 않은지, 현대 국제 체제는 세 번째
형태의 폭력을 목격해 왔다. 바로 기존의 국가를 파편화하려
는 의도로 정권에 도전하며 공식적 · 비공식적 제국주의 구조
에 반대하는 현상 재편 집단들이 저지르는 폭력이다. 이는 흔

히 기존의 국내 · 국제 질서에 대한 해묵은 불만으로 촉발되는
데, 이러한 집단은 국지적 분리주의자에서부터 종교적 근본주
의자에 이르기까지 다양하며, 그들이 부당하다고 여기는 기존
의 정부와 제도를 불안정하게 만들기 위해 폭력을 행사한다.

　지난 50년 동안 이러한 여러 형태의 조직화된 폭력 사이
의 균형에 중요한 변화가 일어났다. 전 지구적 국가 체제가 안
정되고 공고해지면서, 전통적인 국가 간 전쟁의 빈도와 규모
는 극적으로 감소하였다. 이는 주로 불간섭주의나 자결의 원
칙 등 국제 사회의 핵심 규범이 견고하게 확립되었기 때문이
다. 또 강대국들이 무역국으로 전환되었고, 핵 억지가 이루어
졌으며, 무기 금지 조약과 전쟁법이 성문화되었기 때문이기도
하다. 미래에 그러한 분쟁이 일어날 가능성이 남아 있기는 하
지만, 이제 그 가능성은 현대 국제 사회의 역사에서 그 어느
때보다도 현저히 낮아졌다. 하지만 그렇다고 세계 정치에서
조직화된 폭력이 사라졌다는 말은 아니다. 오히려 그 무게 중
심은 국가 건설 및 현상 재편적 · 반체제 폭력 등 국가 내 폭력
으로 옮겨 갔다. 그중에서 국가 건설과 관련된 폭력 — 특히
반인도적 범죄와 학살 — 을 금지하는 국제 규범의 성문화에
는 일정한 진전이 있었으며, 이러한 규범을 뒷받침하는 국제
사법 기구들 — 그중에서 가장 두드러진 것은 국제형사재판소
— 이 새로 설립되었다. 그러나 규범을 집행하는 제도적 역량
이 규범 자체의 발전을 따라오지 못하고 있음은 분명하다. 국
제 공동체가 르완다에 개입하는 데 실패했으며, 구 유고슬라
비아에 신중치 못한 방식으로 관여한 사실은 이 점을 입증한

다. 하지만 현상 재편적 · 반체제 폭력에 대해서는 국제적 압
박 수단이 그보다 훨씬 더 한정되어 있고 효과도 미미하다. 그
중요한 이유는, 현대 국제 사회의 정치적 · 법적 틀이 단순히
무차별한 국제 또는 세계 질서가 아니라 탈식민 질서의 안정
을 도모하기 위해 고안되었기 때문이다. [그리고 탈식민 세계
의] 대다수 국가는 구 식민지 단위를 기반으로 건설되었다. 오
늘날 현상 재편 · 반체제 폭력의 다수는 이러한 국가의 경계와
정치적 구조에 도전하고 있으며, 따라서 국제 사회를 안정시
키는 규범과 정면으로 부딪친다.

　저명한 국가 이론가인 찰스 틸리는, 국가 또한 역사상 존
재했던 다른 제도가 걸었던 길을 되짚어, 그 정점에 다다른 순
간 쇠퇴하기 시작할 것이라고 말한 바 있다.[25] 이 명제를 더욱
강하게 밀어붙여, 국가는 죽었으며, 주권은 침식되는 중이고,
우리는 새로운 중세를 목도하고 있다고 주장하는 이들도 있지
만, 이는 지나치게 과장된 것이다. 가까운 장래까지는 다양한
형태를 띤 주권 국가들이 주된 정치적 제도로서 그 명맥을 유
지할 여지가 크다. 그러나 틸리의 말에는 좀 다른 의미의 통찰
이 담겨 있다. 즉, 국가 체제가 안정되고 굳어지면서 역설적이
게도 인류 역사상 가장 폐쇄된 정치 질서가 탄생하였다는 점
이다. 이미 확립된 법적 · 제도적 메커니즘을 통해 국가의 정
체 및 경계에 정치적 수정을 가할 수 있는 범위는 극히 좁다.
이는 곧 (탈식민 질서에서 많이 나타나는) 현상 재편적 충동이
정당하지 않은 — 주로 폭력적인 — 수단을 추구하게 된다는
의미이다.

두 번째 부작용은 전 지구적 부의 만성적인 불균형 분배이
다. 십여 년 전에 프랜시스 후쿠야마가 역사의 종말을 선언했
을 때, 이에 대해 수많은 비평이 쏟아졌다. 그러나 철학적 · 경
험적으로 진지하게 들어가면 그의 이론의 부족함이 드러남에
도 불구하고, 많은 서구인들은 그의 주장을 이데올로기적으로
깊숙이 내면화하였다. 소련의 붕괴와 그에 예속되어 있던 동
유럽의 해방은 자유주의와 자본주의의 승리로 해석되었으며,
1990년대 미국이 놀라운 경제 성장을 경험하면서 국제 체제의
핵심에서는 이제 전 지구적 자본주의를 관리하는 열쇠를 발견
했다는 인식이 생겨났다. 서구인들은 전례가 없는 풍요로운
생활 방식을 누리면서 한층 자신감을 얻었고, 이것이 전 지구
적 흐름이라고 확신하였다. 그리고 세계 시장을 개방하고 국
제 경제의 규제를 철폐하면 이 흐름을 더욱 가속화시킬 수 있
다고 가정하게 되었다. 부시 행정부가 거듭해서 주장하듯이,
"지속 가능한 단 하나의 국가 성공 모델"이 우위를 점하게 되
었다.

국제 공동체가 직면한 정치적 문제는 자유 시장 경제가
결국 전 세계에 경제적 복지를 가져다주리라는 신념과, 많은
세계인들이 실제로 경험하는 — 정치적으로 유효한 시간 내에
실질적으로 바뀔 여지가 적은 — 현실 사이에 큰 괴리가 있다
는 점이다. 다음 통계를 살펴보자. 1998년 세계은행은 (세계 인
구 58억 2천만 명 중에서) 총 12억 1,400만 명이 국제적인 빈곤
선 아래에서 살아가고 있다고 추산하였다.[26] 새천년의 초엽에
유엔개발계획은 세계 인구의 14퍼센트가 영양 부족 상태에 있

으며, 16퍼센트가 안전한 식수를 마시지 못하고, 40퍼센트가 기초적인 위생 시설 없이 살아가고 있다고 추계하였다.[27] 2001년 『세계보건보고서World Health Report』는 인류 전체 사망 원인의 3분의 1이 빈곤과 관련되어 있다고 결론 내렸다. 토머스 포기Tomas Pogge는 "만약 이 같은 사망률을 서구 선진국에 적용한다면, 매주 영국에서 3,500명, 미국에서 1만 6,500명이 극심한 가난으로 인해 목숨을 잃는 셈이다"[28]라고 썼다. 전 지구적 흐름은 긍정적으로 보아도 혼란스럽기만 하다. 최근에 나온 『인간개발보고서』에서는 극도로 빈곤하게 사는 사람들의 수가 1999년 전체의 29퍼센트에서 23퍼센트로 떨어졌지만, 사하라 이남 아프리카에서는 도리어 그 수가 2억 4,200만 명에서 3억 명으로 늘어났다고 지적하고 있다.[29] 동시에, 세계에서 가장 부유한 시민들과 가장 가난한 사람들 사이의 격차는 더욱 벌어졌다. 1990년에 가장 부유한 국가에 사는 상위 20퍼센트와 가장 빈곤한 국가에 사는 하위 20퍼센트 사이의 격차는 60 대 1이었는데, 1997년에는 74 대 1로 벌어졌다.[30]

경제적 세계화의 장밋빛 약속과, 세계 인구 중에서 이토록 큰 비율이 경험하고 있는 현실 사이의 괴리로 인해 무질서와 폭력이 초래될 가능성이 과소평가되어서는 안 될 것이다. 게다가 세계 다수의 빈곤층이 폐쇄된 정치 구조와 마주하고 있기 때문에 그 가능성은 더욱 커진다. 여기에는 두 가지 측면이 있다. 첫째로, 세계은행과 유엔개발계획에서 강조하고 있듯이, 경제적 붕괴와 정치 제도의 실패는 함께 발생할 때가 많다. 이는 곧 많은 국가에 경제적 불만을 (해소는 고사하고) 표현할 수 있는 효과적인 제도적 메커니즘이 없다는 뜻이다. 둘째로, 민주주의 제도가 존재하는 곳에서조차 국가의 경제 정책을 민주적으로 감시하는 데 심한 제약이 있다. 사실 개발도상국에서는 국제 금융 기구에서 지시한 경제 조정 전략을 집행하기 위해 강압적 장치를 동원하는 일이 많다.

세 번째 부작용은 지구 생태계의 위기이다. 이 위기의 징후는 이제 우리에게 친숙하다. 유엔환경계획에서 발간한 보고서 『지구환경전망 2000 *Global Environment Outlook: 2000*』은 광범위한 환경 파괴와 만연한 정치적 나태에 대해 암울한 필치로 묘사하고 있다. 다음에 열거하는 내용은 이미 "전면적 비상사태"가 발생한 부문들 중에서 아주 일부에 불과하다. 지구의 물 순환은 이제 그 상태가 악화되어 곧 인류의 수요를 감당하지 못하게 될 것이다. 토양의 질 저하와 사막화는 농업 기술이 진보하는 속도를 앞지르고 있다. 열대 우림의 파괴는 "되돌릴 수 없는 훼손을 막기에는 이미 너무 멀리 와 버렸다." 전체 포유류 종의 4분의 1과 조류 종의 10퍼센트가 심각한 멸종 위기에 처해 있다. 여러 도시 지역의 대기 오염은 공중 보건상 중대한 "위기 수준"에 다다랐다. 그리고 "온실 가스의 방출량이 너무 증가하여 지구 온난화를 예방하기에는 이미 늦어 버렸다."[31] 1972년 스톡홀름 회의에서 의제가 설정된 지 이제 거의 30년이 흘렀으며, 리우 정상 회담이 열린 지 거의 10년이 다 되어 감에도 불구하고, 이 보고서는 "지구의 환경 관리 체계는 옳은 방향으로 가고 있지만 그 속도가 너무 느리다. … 새로운 천년에 지구가 주요 환경 재앙으로 크게 훼손되는 것을 막으려면,

대안적인 정책이 신속히 수행되어야 할 것이다"[32]라고 결론을 맺고 있다.

인간이 유발한 지역적 차원의 환경 파괴는 국가 체제 및 자유 시장 경제의 세계화 이전에도 존재했지만, 현재의 전 지구적 환경 위기는 이 과정과 긴밀히 연관되어 있다. 첫째, 주권 국가 체제가 전 지구적으로 공고화되면서 집단적 대응 문제를 제어하기가 힘들어졌다. 즉, (몇몇 나라는 다른 나라보다 유리한 입장에 있기는 하지만) 어떤 국가도 위기의 영향에서 피해 갈 수 없으므로 집단적인 대응을 통해서만 효과적으로 해결할 수 있는데도, 대다수 국가의 자기중심적 주권 때문에 이러한 협력이 근본적으로 어려워지는 것이다. 둘째, 시장 메커니즘이 환경 보호에 유용하게 기여할 수도 있지만, 자유 시장 경제의 세계화는 환경 피해를 주는 방식의 경제 발전을 부추기고 작은 정부에 성장의 특권을 주는데, 이는 연구자들이 지속 가능한 성장을 위해 필요하다고 여기는 예방 전략과 정반대되는 것이다.[33] 셋째, 국가 체제의 세계화가 자유 시장 경제의 세계화와 함께 진행되면서, 영구적인 성장의 지속을 그 존립 근거로 삼는 경제 관리 국가가 출현하였다. 이러한 국가로 이루어진 세계에서는 환경 보호를 위한 집단적 대응 문제를 풀기가 어려울 수밖에 없다.

이상 열거한 세 가지 부작용이 바로 3대 무질서를 구성한다. 전쟁의 토착화는 전 지구적 빈곤과 생태계 파괴에 기여하고, 경제적 박탈은 폭력적인 정치의 비옥한 토양이며 환경적으로 지속 가능한 실천을 방해한다. 그리고 대단히 많은 연구

3. 현실 세계 **131**

에 따르면, 생태적 붕괴와 극심한 분쟁과 빈곤은 서로 위험한 관련성을 맺고 있다.[34] 게다가, 이 세 가지는 난민, 민중 소요, 민족 간 갈등과 테러리즘 등 현대의 다른 초국적 문제의 근원이 되기도 한다. 따라서 이것들은 전 지구적 거버넌스에 대하여 근본적이고도 피할 수 없는 도전을 제기한다.

결론

학자들은 2차 세계대전 이후 미국이 전 지구적 패권을 추구했는지, 아니면 단순히 당시 출현 중이던 양극 질서의 서쪽 반구에 국한된 리더십을 추구했는지에 대해 오랫동안 논쟁해 왔다. 이 논쟁만큼이나 흥미로운, 한 가지 분명한 사실이 있는데, 그것은 미국의 야심이 전후 국제 체제의 두 가지 특성 때문에 심한 제약을 받았다는 점이다. 첫째는 양극성이다. 늦어도 1948년에 이르면 신세계질서가 — 이데올로기적으로, 정치적으로, 경제적 · 지리적으로 — 분리되리라는 것이 명백해졌다. 이 질서는 미국과 소련 양쪽에 힘을 부여하고 양국이 영향력을 행사하는 각 영역에 존립 근거를 마련해 준 동시에, 한편으로는 양국의 전 지구적 야심을 제한하여 일정한 제약을 가하였다. 시간이 지나면서, 둘로 갈라진 세계 정치는 공동의 위협과 냉전의 대리전으로만 점철되었던 것이 아니라 서로가 수용한 게임의 규칙 — 그중 전후 동서 유럽의 경계를 인정한 헬싱

키 협정이 지적할 가치가 있을 것이다 ─ 에 기반하게 되었다. 두 번째 제한 요소는 전후의 탈식민화이다. 처음 미국이 두드러진 위치로 떠올랐을 당시만 해도 주권 국가들의 사회에서 인정받는 구성원은 50개국 정도로 그 규모가 매우 작았고, 그나마 대다수는 유럽에서 기원한 나라였다. 그런데 이후 30여 년 동안 국제 사회가 극적인 확장을 겪으면서, 비동맹 정치와 신국제경제질서를 추구하는 운동이 새롭게 떠오르고, 그것이 유엔과 같은 핵심 국제 제도에서 표명되면서 초강대국이 영향력을 미치는 범위는 한풀 꺾이게 된다. 1945년 이후 국제 체제의 이 두 가지 구조적 특징 때문에 ─ 패권 안정론hegemonic stability theory의 이론가들은 마치 상대편 진영이 존재하지 않는 것처럼 취급했지만 ─ 미국의 패권은 진정으로 전 지구적인 차원에 이르지 못했다.

1990년대 초가 되자 양극 체제도 지나가고 탈식민지의 자기 단언도 희미해지면서 미국의 세계화에 대한 제약이 사라지게 된다. 역사상 처음으로 미국 행정부는, 전 지구적 규모의 패권을 추구한다는, 로마를 비롯하여 역사상 그 어떤 강대국도 해 보지 못한 기획에 착수하게 된다. 우리의 논의와 관련시켜 보면, 이는 신보수주의자들이 가져다 비교하는 2차 세계대전 이후의 미국의 패권보다도 엄청나게 더 야심적인 질서이다. 그러나 양극 체제와 탈식민 국가들의 집단행동으로 인한 제약은 사라졌지만, 103페이지에서 보았듯이, 이제는 세계 정치가 무한히 복잡해졌다. 다른 강대국들은 더 이상 미국에 자신의 생존을 의존하지 않고, 일방적 의존이 아닌 경제적 상호 의존이 지배적인 제휴 방식이 되었으며, 제도적 질서는 더욱 조밀해지고 구조화되었다. 국제 사회는 세계 사회에 포위되었고, 규범적 행위는 의미 있을 만큼 확산되었다. 여기에 더하여, 우리는 국가 체제와 자유 시장 경제의 세계화가 전쟁의 토착화, 전 지구적 부의 만성적 불균형 분배, 현재의 생태계 위기에 원인을 제공하였음을 살펴보았다. 미국처럼 우세한 물질 자원을 지닌 국가라도, 이러한 세계에서 패권을 추구한다는 것은 1945년 직후에 보다 제한된 범위에서 패권을 확립했던 것보다 훨씬 큰 도전이라고 해야 할 것이다.

불행히도 부시 행정부는 이 도전의 크기를 인식하지 못하고 있는 듯하다. 지정학적 측면에서 부시 행정부는 "강대국들은… 공동의 가치에 의해 점점 더 통합되고 있다"거나, 미국이 어떤 도전에도 맞서 싸울 능력이 있다거나 하는 주장을 하고 있다.[35] 그리고 규범적 · 제도적 측면에서는 전 세계가 미국의 보편적 가치와 "지속 가능한 단 하나의 국가 성공 모델"을 기꺼이 받아들인다고 상상하고 있다. 2장에서 보았듯이, 패권에 대한 행정부의 시각에는 두 가지 차원이 있다. 패권을 "규칙을 정하는" 물질적 능력으로 보는 현실주의적 차원과, 동의를 구하기 위해 문화적 유인력의 역할을 강조하는 (주변적이지만 중요한) "그람시적" 차원이다. 전후의 덜 복잡한 국제 환경에서도 미국은 미국의 권력과 영향력에 대해 지금보다 미묘하고 덜 고압적인 시각을 취하였다. 하물며 오늘날의 훨씬 복잡한 환경에서는 앞의 장에서 전개한 바와 유사한 보다 세련된 이해가 요구된다. 패권은 지위와 인정에 근거한 사회적 위계 형

태로 보아야 한다. 보편적으로 인정받는 절차적 · 실질적 규범
을 통해 패권을 견고히 하며, 이 규범은 패권 국가와 기타 국
가가 저마다의 정체성과 이익을 놓고 벌이는 협상을 반영해야
한다. 게다가, 패권 국가는 이 규범에 합당한 방식으로 이익을
추구해야 하며, 그렇지 않을 경우 그 리더십의 정당성은 빠르
게 잠식될 것이다. 오늘날처럼 복잡한 세계에서 이러한 패권
을 구축하기 위해서는, (부시 행정부의 "함포" 외교에서는 별로
드러나지 않는) 정치적 수완과 자질이 요구된다.

4. 도덕주의의 윤리

〈몬티 파이튼의 브라이언의 생애*Monty Python's Life of Brian*〉라는 코미디 영화를 보면, '유대 인민 전선'이 로마 제국을 타도할 음모를 꾸미는 장면이 나온다. 그들의 불운한 지도자인 레그는 로마인들이 "우리의 피를 쥐어짜고 있다"고 독설을 퍼부으며 "그 대가로 그들이 우리에게 무엇을 주었는가?"라고 묻는다. 그러자 별 도움이 안 되는 그의 동료 혁명가들은 로마인들이 가져다준 편의 시설들의 목록을 줄줄이 읊는다. 결국 한층 좌절한 레그는 규탄 연설을 다음과 같이 고친다. "좋소, 하지만 위생 시설, 의약품, 교육, 술, 공공질서, 관개 시설, 도로, 식수 체계, 공공 보건만 빼고, 대체 로마인들이 우리에게 해준 게 뭐가 있소?"[1]

여기서는 국제 관계에서 지배 혹은 패권의 행사에 대해 우리가 자주 느끼는 윤리적 모순을 풍자적으로 드러내고 있다. 이러한 권력은 오만하고 착취적일 수도 있지만, 동시에 공공재의 조달과 인도주의적 목표의 실현에 필수적일 수도 있다. 이라크에 대한 미국의 전쟁은 "불법적 · 비도덕적 · 비논리적"[2]이라는 비난을 받았지만, 한편으로 미국은 르완다 사태에 개입하지 않았다는 이유로 비판을 받기도 했다. 민주주의를 전파한다는 미국의 사명은 제국주의적인 오만으로 비치곤하지만, 어떤 차원에서는 많은 사람들이 긍정하는 가치와 공명하고 있다. 미국의 전 지구적 경제 정책은 빈부 격차를 더욱 벌려 놓는다고 비난받지만, 세계 경제를 안정시키는 미국의 역할은 다들 인정하며, 또 모두가 미국이 해외 원조를 해 주기를 기대하고 있다.

　우리는 미국의 패권의 윤리에 대해 어떻게 생각해야 하는가? 이 주제에 대해 포괄적인 윤리적 이론을 발전시킬 필요가 시급하기는 하지만, 이는 이 책의 범위를 벗어나는 일이다. 여기서 나의 목적은 보다 제한된(그러나 긴밀히 연관된) 세 가지 질문에 대답하는 일이다. 즉, 우리가 평가하고자 하는 패권적 기획은 어떤 유형이며, 이 정책이 수행되는 국제 환경의 성격은 어떠한가? 이 기획을 평가하는 데 적합한 윤리적 원칙은 무엇인가? 부시 독트린은 이러한 원칙에 대하여 어떤 입장을 취하고 있는가? 이들 질문을 다루는 이유는 두 가지이다. 우선, 도덕주의자들에게는 도덕적 감시가 요구된다. 부시 행정부는 국제 사회에 대한 자신의 태도를 서슴지 않고 도덕적으로 정당화하므로, 그 정당화로 얻을 수 있는 이점을 숙고해 보는 편이 합리적일 것이다. 둘째, 행동을 지시하는 모든 정책의 배후에는 그 정책에 목표를 부여하는 윤리가 있다. 이는 자기 이익, 정치 질서, 사회 정의, 또는 다른 가치에서 유래한 윤리일 수도 있지만, 그럼에도 불구하고 윤리는 윤리이다. 따라서 부시 독트린에 대해 완벽하게 분석하려면, 이러한 목적의 차원에 대해서도 고려해야 할 것이다.

다음의 논의는 세 부분으로 나누어진다. 첫 번째 부분에서 나는 이전 장의 논의를 이어와, 두드러진 구조적 특징과 난점을 갖춘 고도로 복잡한 세계 질서 안에서 현상 재편적 패권 전략이 어떻게 수행되는지 평가하는 것이 우리의 임무임을 주장할 것이다. 이어서 서로 경쟁하는 다음의 명제에 주로 초점을 맞추어, 패권의 도덕적 근거에 대한 기존의 주장들을 평가할 것이다. (1) 힘은 무조건 옳다. (2) 힘이 국제 질서를 유지한다면 그것은 옳다. (3) 힘이 범세계주의적 가치에 기여한다면 그것은 옳다. (4) 힘이 민주적이라면 그것은 옳다. (5) 힘은 무조건 옳지 않다. 이 중 첫 번째와 마지막 명제는 직관에 반하므로 제외된다. 권력을 행사하는 데 어떤 윤리적 제한도 있어서는 안 된다고 주장할 사람은 거의 없을 것이며, 힘이 무조건 옳지 않다는 주장은 학살을 방지하기 위한 패권 국가의 개입은 윤리적으로 정당하다는 통념과 부딪친다. 나머지 명제로부터, 나는 부시 행정부의 현상 재편 기획을 평가할 네 가지 윤리적 원칙을 추출해 낼 것이다. 이 장의 끝 부분에서는 이 원칙을 적용하여 행정부의 도덕적 정당화와 대전략을 비판할 것이다.

복잡한 세계 질서 속의 현상 재편 정치

이 장에서 나는 부시 행정부의 대전략의 윤리를 평가하려고
한다. 물론 내가 말하고자 하는 내용은 지배 혹은 패권 일반의
윤리와 관련이 있지만, 여기서 보편적인 논의를 하지는 않을
것이다. 내가 할 일은 보다 구체적으로, 미국 지배를 재주장하
고 그 과정에서 세계 질서를 재편하려는 급진적 패권 부흥 기
획을 평가하는 것이다. 이미 보았듯이, 이 기획은 날로 복잡해
져 가는 세계 질서 속에서 추진되고 있다. 논의를 계속하기 전
에, 행정부의 대전략의 성격과 아울러 오늘날 세계 질서의 복
잡성을 간단히 살펴볼 필요가 있다.

　부시 행정부 안팎의 신보수주의자들은 미국에게 마키아
벨리의 신군주 — 성공적인 국가의 기초를 닦기 위해 자신의
권력을 행사하는 독재적 창건자 — 의 역할을 부여하고 있다.
마키아벨리는 "어느 한 사람이 과업을 떠맡지 않는 한… 공화
국 또는 왕국이 처음부터 잘 조직된 상태로 출범하는 예는 거
의 또는 전혀 없다. 나아가 그 한 사람이 창건 수단을 제공하
며, 어떤 조직이든 오로지 그 한 사람의 머릿속에서 비롯되어
야 한다"[3]고 썼다. 신보수주의자들이 보기에 국제 체제는 다시
금 무질서의 고비에 서 있으며, 미국만이 그 엔트로피에 저항
할 유일한 세력이다. 이전 장에서 보았듯이, 부시는 "이 나라
와 우리의 우방들 모두는 평화로운 세계와 끊임없는 불안 및
혼돈으로 점철된 세계 사이에 놓여 있다"[4]고 선언하였다. 그

러나 행정부의 비전은 단순히 기존의 상태를 유지하는 것 이
상이다. 이는 일방적 개혁을 추구하는 창발적인 기획이다. 그
기획의 목적은 자유와 민주주의와 자유 기업의 전파이며, 이
는 냉전의 종식과 더불어 한층 힘을 얻었지만, 이제는 전 지구
적 테러리즘과 소위 대량 살상 무기로 무장한 불량 국가의 동
맹으로 인해 도전을 받고 있다. 이러한 도전과 맞서 싸워 그
비전을 실현하려면, 미국의 군사-전략적 태도와 비밀공작을
지휘하는 규칙에서부터 전쟁법이나 국제 제도와의 관계에 이
르기까지, 미국이 국제 관계를 지휘하는 방식에 근본적인 수
정이 요구된다고 한다. 이 모두는 행정부 대전략의 성공적인
실행을 위해 개조되어야 한다. 이 기획은 이미 확립된 국제적
거버넌스의 틀에 근본적으로 도전함은 물론, "미국의 정치와
외교를 오랫동안 규정해 온 이전의 기준과 독트린을 철저히
거부한다."[5] 미국의 목표는 자유주의적으로 보이지만, 그 의미
는 반자유주의적이며, 생존 가능한 국가(자유 시민으로 이루진
공화국의 경우도 마찬가지)를 건설하기 위해서는 대담한 독재
가 필요하다는 마키아벨리의 신군주의 틀에 딱 맞아 들어간
다.

　이 패권 부흥 기획은 국제사에서 그 어느 때보다도 복잡
하고 도전적인 국제 환경 속에서 추진되고 있다. 2차 세계대전
직후에도 미국은 패권을 구축하는 야심적인 기획을 추진했지
만, 당시의 국제 환경은 비공산권 강대국들이 자신의 안보와
경제적 재건을 미국에 결정적으로 의존하고 있었으며, 국제
사회의 제도적 구축 정도가 아직 약하여 발전할 여지가 있었

고, 국제 사회는 세계 사회로부터 비교적 자율적이었고, 규범적 행위는 (전적으로는 아니지만) 주로 국가의 몫으로 남아 있었다. 이러한 세계는 오늘날의 세계보다 패권 구축은 물론 패권의 윤리적 방어도 수월하였다. 예컨대, 비공산권 국가들이 공동의 위협에 대해 인식하고 있는 상황에서는 자기 방어의 권리에 대한 주장을 쉽게 집단화시킬 수 있었다. 마찬가지로 (비록 냉전으로 좌초되었지만) 잔존하는 비교적 전통적인 주권 국가들의 사회 내의 질서 유지를 중심으로 필수적인 공공재가 순환하는 상황에서는, 국제적 공공재를 조달하는 미국의 역할을 강조하는 주장을 견지하기가 좀 더 쉬웠다. 앞 장에서 살펴보았듯이, 부시 행정부가 그 패권 기획을 수행하는 환경은 20세기 중반의 맥락과는 근본적으로 다르다. 안보 의존 구조로부터 규범적 행위의 분포에 이르기까지 모든 것이 의미심장하게 바뀌었다. 게다가 이를 뛰어넘어 국가 체제와 자유 시장 경제의 세계화로 인해, 집단적 대응이 요구되는 세 가지 문제 ― 전쟁의 토착화, 전 지구적 부의 만성적 불균형 분배, 지구 생태계의 위기 ― 가 출현했다. 이러한 세계에서 패권의 부흥을 꿈꾸는 현상 재편 기획 앞에는 여러 개의 장애물이 놓여 있으며, 정당성의 문제도 적지 않다. 자기 방어라는 주장으로 간헐적인 군사 행동은 정당화할 수 있을지 몰라도, [다른 나라에 대한] 일괄적인 감독까지 정당화할 수는 없다. 그리고 공공재를 조달한다는 주장은 이러한 세계에서 공공재가 어떠해야 하는지에 대한 (일방적이지 않은) 집단적인 이해에 부응해야 한다.

기존의 주장들

현재 부시 행정부의 현상 재편적 대전략을 평가하는 데 활용할 수 있는 윤리적 주장으로는 무엇이 있을까? 많은 이들은, 국제 관계에는 '힘이 곧 정의'라는 단 하나의 윤리적 입장만이 존재한다고 생각한다. 투키디데스의 『펠로폰네소스 전쟁사』 중 '밀로스의 대화편'에서 아테네 장군들이 주장하는 것이 바로 이 원칙이다. 밀로스 섬은 스파르타의 식민지였는데, 제국에 결합하기를 거부하고 중립을 취하겠다고 선언하자, 아테네는 밀로스 섬을 침공하기 위해 군대를 보냈다. 아테네인들은 침공 이전에 밀로스인들과 협상하기 위해 장군들을 파견하였는데, 그들의 연설은 힘이 곧 정의라는 원칙을 표현한 가장 악명 높은 예로 남게 되었다.

> [우리는] 우리 편이 페르시아를 격파했으므로 제국의 권리를 가지고 있다거나, 너희가 우리에게 무례를 범했으므로 너희를 적대한다는 따위의 말을 하기 위해 미사여구를 쓰지는 않을 것이다. 그런 장광설을 늘어놓아 보았자 아무도 믿지 않는다. … 정의의 기준은 강제할 수 있는 권력의 평등에 달려 있고, 실제로 강자는 자기가 할 힘을 가진 일을 하는 것이며, 약자는 자기가 수용해야만 하는 일을 수용하는 것이다.[6]

이런 윤리적 입장은, 상호 연관된 네 가지 관념으로 이루어져 있다. 즉, 윤리적 원칙은 그것을 강제할 권력이 있을 때에만 존재하거나 의미를 띨 수 있다. 그리고 국가들 간의 관계에는 보편적 윤리 원칙을 강제할 중심된 권력이 존재하지 않는다. 그러한 세계에서 개별 국가의 권력은 그 국가만의 특정한 가치를 뒷받침한다. 그리고 그 결과로, 강자의 윤리적 주장을 비판할 수 있는 윤리적 기준은 존재하지 않는다. 이러한 시각에 따르면, 현대 국제 관계에는 강제할 수 있는 원칙의 근거가 되는 최종적인 권력 지점이 더 이상 존재하지 않으므로 부시 행정부의 대전략은 항상 옳다.

두 번째 윤리적 입장은, 자주 환기되는 것인데, 지배적인 국가가 국제적 공공재를 조달할 때 그 패권이 정당화된다는 것이다. 여기서 개별 국가들이 그 조달 비용을 감당하는 데 도움을 주었는지 여부에 관계없이 국제 사회의 모든 멤버가 그 공공재를 "소비"하거나 그로부터 혜택을 입을 수 있어야 한다.[7] 공공재의 예로 흔히 드는 것은 안정된 세력 균형, 공해公海의 자유, 개방된 국제 시장 등이다. 다원주의적 국제 사회론자들의 주장이 이러한 입장의 한 변형이다. 헤들리 불Hedley Bull 은 국가들이 세 가지 기본 목표를 공유한다고 주장하였다. 즉, 폭력을 방어하고, 약속을 준수하며, 영토 재산권을 보호하는 것이다. 이 기본 목표가 유지되어야만 우리는 국제 질서가 존재한다고 말할 수 있다. 하지만 중심 권력이 부재하는 세계에서 어떻게 이 목표를 견지할 수 있을 것인가? 불은 국제 질서의 몇 가지 기본 요소 — 국제법, 외교, 심지어 전쟁 등 — 를 규정하고 있지만, 한편으로는 강대국의 특별한 역할을 강조하기도 한다. 불은 모든 국가가 동등한 권력을 가진다면 어떻게 "국제 분쟁을 해결하여 영구히 매듭지을 것이며, 국가들 저마다의 주장을 수용하든 거부하든 간에 결판을 지을 것인지"[8] 의구심을 가진다. 그러나 강대국이 존재한다면 다소간의 질서가 확립될 수 있다. "강대국이 국제 사회에 기여하는 방식은 주로 두 가지가 있다. 서로의 관계를 관리하고, 자신의 우위를 활용하여 국제 사회의 문제에 일정한 방향을 제시하는 것이다."[9] 불은 강대국이 뒷받침하는 질서가 완벽히 정의로울 수는 없지만, 이 질서와 그것을 유지하는 강대국의 역할은 윤리적으로 분명히 정당화될 수 있다고 본다. 불이 보기에 질서란 정의의 필요조건이며, 따라서 그는 "질서는 인간사에서 바람직하고 가치 있는 것이며, 세계 정치에서는 더욱더 그렇다"[10]고 여긴다.

공공재에 대한 주장의 다른 변형은 패권 안정론자들이 내세운 것이다. 이 주장의 배후에는 경제 이론에서 끌어 온 단순한 명제가 놓여 있다. "큰 집단 안의 모든 개개인이 합리적이고 자기 이익에 충실하다 할지라도, 그리고 그들이 집단으로서 공동의 이익이나 목표를 성취하기 위해 행동한다면 이득을 본다 할지라도, 그들이 공동의 혹은 집단의 이익을 성취하기 위해서 자발적으로 나서지는 않을 것이다."[11] 이를 국제 관계의 맥락에서 해석하면, 어떤 공공재를 통해 모든 국가가 혜택을 입는다 해도 개별 국가가 그 공공재를 실현하기 위해 자발적으로 행동하지는 않을 것이라는 의미이다. 그 이유는, "개개인의 기여는 그 비용이 큰 반면 그것이 공공재의 창출에 미치는 효과를 감지하기는 힘들어서, 개개인은 자신이 기여하지 않는 편이 낫다고 계산할 가능성이 높기"[12] 때문이다. 만일 모든 국가가 이렇게 생각한다면, 문제의 공공재는 절대 마련될 수 없을 것이다. 패권 안정론자들의 주장에 따르면, 패권 국가는 지정학적 안정성이나 시장 개방 등을 통해 대부분의 이득을 얻도록 되어 있기 때문에 그럴 만한 유인이 충분하다. 확실히 19세기 영국이나 2차 세계대전 이후 미국의 행동은 이 점을 입증한다. 둘 다 국제 사회에 상당한 공공재를 조달하는 데 기여했기 때문이다. 이와 대조적으로 양차 세계대전 사이의 시기는, 국제 질서를 유지할 패권 국가가 없을 경우 무질서가 초래된다는 증거로 자주 인용된다. 일례로 세계 경제를 관리할 지도 국가가 부재했던 것은 대공황의 주된 원인으로 여겨진다.[13] 그러므로 이러한 시각에서 보면, 패권적 권력의 행사는 그것이 국제적 공공재를 제공한다면 정당화될 수 있다. 나이는 미국의 대외 정책이 그러한 공공재를 조달하는 방향으로 재조정되어야 한다고 주장한다. 그것은 미국의 국익에 도움이 되기 때문이기도 하고, 미국의 국제적 정당성을 뒷받침해 주기 때문이기도 하다.[14] 이러한 입장을 옹호하는 이들은 드러내 놓고 윤리적 언어를 사용하는 일은 거의 없지만, 사회재social goods의 조달을 정당성과 연관시키는 것은 그 본성 및 취지상 어쩔 수 없이 규범적이다.

  세 번째 가능한 윤리적 입장은, 국제적 인권이나 전 지구적 분배 정의를 촉진하는 등 힘이 범세계주의적 목적을 증진한다면 그것은 옳다는 것이다. 패권 국가는 주권 국가들 간에 질서를 제공하느냐 여부보다는, 인류 개개인의 권리를 보호하고 필요를 만족시키는 데 성공했느냐 여부에 따라서 평가된다. 놀랍게도, 미국의 대외 정책에 대한 고급의 비판에 이러한 입장이 많이 함축되어 있음에도 불구하고 이에 대해 상세하게 진술한 예가 거의 없다. 헨리 슈Henry Shue의 고전적 저작 『기본권Basic Rights』이 그러한 진술에 비교적 근접한 예로서, 미국의 대외 정책이 특정한 "생존권"의 증진을 우선시해야 한다고 말하고 있다. 하지만 슈는 미국의 패권이 그러한 권리를 보장함으로써만 정당화된다고 주장하다가 말고 갑자기 멈춘다.[15] 그러므로 우리는 그 주장의 주된 윤곽을 추측해 보아야 한다. 범세계주의 사상의 일반 원칙에 따르면, 상호 연관된 네 가지 관념이 유효하다. 첫째, 윤리적 관심이 머무는 적절한 지점은 국가가 아닌 개인이다. 둘째, 권력 제도는 당사자 개인의 권리를 뒷받침하고 필요를 충족시켜야만 정당화될 수 있다. 셋째, 세계는 실질적으로 상호 의존적이므로, 도덕적으로도 상호 의존적이다. 넷째, 도덕적으로 상호 의존적인 세계에서 권력 제도로서의 패권은 개개인의 권리를 보호하고 삶의 필요를 충족하는 데 도움이 될 때에만 정당화될 수 있다. 이 마지막 관념에는 부정적인 차원과 긍정적인 차원이 둘 다 있다. 윤리적으로 옹호할 수 있는 패권 국가라면 개인의 권리를 침해하거나 필요를 방해하지 않도록 해야 하지만, 패권 국가는 일정한 영향력을 지니며 또 그 영향력의 혜택을 입기 때문에 개별 국가나 시장이 실패했을 때 사전 행동을 취해야 할 의무도 있다.

패권에 대한 네 번째 윤리적 방어 논리는 전통적인 자유주의 정치의 가치에서 유래한다. 사실 정치 제도가 공공재를 제공하거나 개인의 권리를 지지한다는 두 번째와 세 번째의 정당화 논리 역시 자유주의적 명제이다. 하지만 많은 학자들은 지배 국가의 권력 행사에 대해 확고한 자유주의적 정당화 논리를 표현하는 데 있어 한 걸음 더 나간다. 그 적절한 예는 리 브릴메이어Lea Brilmayer의『미국의 패권: 초강대국이 하나뿐인 세계 속에서의 정치적 도덕성*American Hegemony: Political Morality in a One-Superpower World*』이다. 브릴메이어는 패권을 거버넌스의 한 형태이자 하나의 정치 제도로 보아야 하며, 국내 정치 제도와 같은 연장선상에서 평가해야 한다고 주장한다. 이는 한 국가 내의 정부가 그렇듯 패권 국가가 권력 위계의 정점에 서 있음은 물론, 정부처럼 공공재를 조달하기 때문이기도 하다. 그러므로 "패권 국가는 세계 정부에 필적하는 역량을 지니고 그에 필적하는 행동을 하는 만큼, 세계 정부처럼 평가되어야 한다."[16] 자유주의자로서 브릴메이어는 그러한 평가가 모든 자유주의 이론에 공통된 두 가지 원칙에 근거해야 한다고 생각한다. "첫 번째는 일정한 형태의 대중적 동의에 근거한 거버넌스에 민주적으로 참여하는 것이다. 두 번째는 구체적인 실질적 인권을 억압으로부터 — 설령 억압자가 다수라 해도 — 보호하는 것이다."[17] 브릴메이어가 쓴 책 대부분은 국제 관계 내의 권력에 관한 이 두 가지 기준 중 첫 번째 것을 적용할 때 제기되는 무수한 문제를 다루는 데 할애하고 있다. 동의consent의 개념은 자유주의 정치 이론가들에게 항상 골칫거리인데, 국제 관계에서는 이 문제가 더욱 증폭된다. 패권에 대해 동의하는 주체가 국가인가, 개인인가? 모든 패권적 행동에 동의가 필요한가? 아니면 패권의 보편적 규칙만 그러한가? 어떤 조건을 충족하여야 자유로운 동의를 얻었다고 말할 수 있는가? 뇌물로 이끌어낸 동의도 진짜 동의로 인정할 수 있는가? 암묵적인 동의도 포함되는가? 만약 그렇다면, 암묵적인 동의를 얻었는지 여부를 어떻게 아는가? 이러한 질문에 대한 브릴메이어의 대답은 범세계주의적이라기보다는 국가 통제주의에 가깝다. 패권적 권력이 그보다 약한 국가들의 동의에 의거한다면 윤리적으로 정당화될 수 있지만, 패권 국가는 여타 국가들이 진실로 그 국민들의 이해를 대표하는지를 확실히 하기 위해 그 이해를 직접 평가해 보아야 한다. "이는 실제로 (우리가 추정할 수 있는) 타국 국민의 이익을 그 정부와의 협정에 있어 중요한 변수로 삼아야 한다는 의미이다."[18]

　첫 번째와 정반대되는 마지막 윤리적 입장은, 패권적 권력의 행사는 윤리적으로 절대 정당화될 수 없다는 것이다. 이러한 입장이 유래한 사상 중 하나는 평화주의로서, 명백히 자기방어인 경우까지 통틀어 모든 폭력의 사용을 혐오한다. 그러나 이 입장은 경제 외교나 국제 제도의 조작 등 노골적인 폭력 이외의 형태를 취한 패권적 권력의 행사에 대해서까지 폭넓게 비판을 제기하지는 않는다. 이런 종류의 비판은 모든 권력을 지배와 동일시하는 입장을 취한 다양한 사상 속에서 찾아볼 수 있다. 탈근대론자(와 이 문제에 한해서는 아나키스트)들은 모든 권력의 배후에는 자기 이익과 통제를 향한 의지가 도사리고 있으며, 둘 다 진정한 인간 자유 및 다양성에 반한다고 주장할 것이다. 급진적 자유주의자들은 한 인간이 다른 인간을 대상으로 권력을 행사하는 순간 후자는 도덕적 행위자에서 도덕적 대상으로 변모하게 되므로, 이는 자기 자신을 온전히 통제하는 개인으로서의 무결성을 훼손한다고 주장할 것이다. 어떤 사상에서 유래했든 간에, 이러한 생각은 모든 권력 제도 (패권은 그중 한 형태이다)에 대한 급진적 회의주의로 귀결된다. 곧 국가는 개인의 안전의 근본이 아니라 폭군에 불과하며, 패권이 국제적 공공재의 조달에 꼭 필요하기는커녕 지배적인 권력은 인류의 이익에 적대적일 뿐이라는 생각이다.

판단의 틀

이상의 생각들 가운데 부시 행정부의 현상 재편적 패권 전략의 윤리를 평가하는 데 도움이 되는 것은 무엇일까? 국제 관계학에서는 자신이 선호하는 패러다임을 명쾌히 변호하여, 크고 중요한 질문에 대한 해답에 자신이 선호하는 이론의 핵심 전제를 적용할 수 있음을 입증해 보이고픈 강한 유혹이 있다. 그덕분에 확실히 논리가 연마되어 이론적 논쟁에 어느 정도 질서가 잡히기는 하지만, 과도하게 단순화된 세계를 너무 작은 이론적 유리 구두에 억지로 끼워 맞추려는 "신데렐라 증후군"으로 귀결될 수 있다. 국제 윤리 연구 분야에서도 수많은 학자들이 보편적으로 적용할 수 있는 근본적인 규범 원리를 찾느라 열심이라는 점에서 이러한 증후군에서 예외가 아니다. 여기서 내가 취할 접근 방식은 그보다는 야심이 덜하고 좀 더 실용적이다. 첫 번째와 마지막 입장만 제외하고, 앞에서 소개한 윤리적 관점들은 모두 진실의 요점을 품고 있다. 어려운 점은 부시의 현상 재편적 대전략의 윤리를 평가하기 위해 이들 가치를 판정하고 그 우선순위를 판별하는 문제이다. 다음의 논의에서 나는 이 난제에 달려들어 한 가지 입장을 이끌어 낼 것이다. 나는 이 새로운 입장에 임시로 "절차적 연대주의 procedural solidarism"라는 이름을 붙였다.

다섯 가지 윤리적 입장 중 첫 번째와 마지막 것은 우리의 목적에 도움이 되지 않으므로 제외하기로 한다. 힘이 무조건 옳다는 관념은 국제 관계의 어두운 측면에 대해서 우리가 느끼곤 하는 냉소적인 태도와 공명하지만, 이것이 패권적 권력의 행사를 판정하는 윤리적 관점을 이룰 수는 없다. 우선, 이는 도덕적 판단의 권리를 패권 국가의 손에 떠넘기고, 그런 문제는 윤리적 비판에 대한 근거 없이 죄다 패권 국가의 행동에 맡겨 버린다. 패권 국가가 윤리적이라고 하면 그것은 무조건 윤리적인 것이다. 나아가, 힘이 무조건 옳다는 원칙은 무차별적이다. 우리는 패권적 행동이 윤리적인지 비윤리적인지를 구분할 근거가 없다. 힘은 무조건 옳지 않다는 생각도 마찬가지로 납득하기 힘들다. 이러한 생각은 미국의 권력을 비롯하여 제국주의적 권력에 대한 비판에서 자주 나타난다. 그러나 그 반대의 주장과 마찬가지로 이 또한 지극히 무차별적이다. 패권 국가가 무슨 짓을 하든지, 단 하나의 평가만이 있을 뿐이다.

즉, 아무리 이타적인 목적을 이루기 위해 그 어떤 절차를 밟더라도 윤리적 승인을 받을 수 없다. 이는 권력에 대한 비판을 모든 인간 가치 위에 놓는, 윤리적으로 매우 빈약한 태도이다. 이는 또 완전히 직관에 반하는 입장이기도 하다. 예컨대 미국이 르완다 학살을 막기 위해 군사적으로 개입했다 하더라도 이 또한 윤리적으로 정당화될 수 없는 행위인가? 만약 그렇다고 한다면, 패권적 권력을 행사하는 행위가 수백만의 사람들이 학살되도록 방치하는 것보다 더 큰 악행이 되는 이유를 설명해야 한다. 만약 아니라고 한다면, 힘은 무조건 옳지 않다는 단순하고 그럴 듯한 명제보다 좀 더 식별력이 있는 윤리적 원칙이 필요하다는 사실을 인정하는 셈이다.

진실의 요점들

두 번째, 세 번째, 네 번째 윤리적 입장은 모두 인정하지 않을 수 없는 명제를 품고 있다. 문제의 국가가 국제적 공공재를 제공한다면 그 패권적 권력 행사가 정당하다는 생각은 부정하기 힘들다. 우리는 국제사의 특정 시점에서 다소의 질서를 실현하고 유지하기 위해 어떤 공공재가 필요했는지를 확인해 볼 수 있다. 19세기에는 국가 간 폭력을 줄이기 위해 강대국 간에 안정된 세력 균형을 확보해야 하며, 제국 및 국제 무역의 발전을 위해 해적을 소탕할 필요가 있다고 생각했다. 20세기에 국가가 바라는 공공재는 강대국 간의 안정된 세력 균형, 국제 제도의 효율적인 네트워크, 개방된 국제 시장 등이다. 이러한 공공재를 실현하기 위해 지배적인 국가의 리더십이나 여러 강대국들의 협력이 필요하다면, 이는 권력을 그런 방향으로 이용하는 국가에 대한 그럴 듯한 윤리적 변호로서 설득력을 띨 것이다. 이러한 변론에 반박하고자 한다면 문제의 공공재가 실제로 공공재가 아니며, 그 조달에 드는 비용이 혜택보다 많으며, 또는 지배 국가가 행동을 취하지 않고도 훨씬 바람직한 방법으로 같은 목적을 달성할 수 있음을 보여 줄 필요가 있다.

　패권적 권력이 범세계주의적 목표에 이바지하면 윤리적으로 정당화될 수 있다는 생각 또한 부정하기 힘들다. 여기서 국제적 인권의 보호 및 증진 또는 전 지구적 분배 정의의 촉진이 보편적 가치임을 새삼스레 주장할 필요는 없다. 어떤 형태로든 이들이 국제 규범으로 명문화되어 있음을 지적하는 선에서 충분하다. 인권 문제는 논란의 여지가 없다. 국가 주권은 자명한 권리가 아니며, 국가는 국민의 기본 인권을 보호할 의무가 있다는 것은 이제 보편적으로 받아들여지는 명제이다. 또 국제 공동체가 그러한 권리를 증진하고 심한 폭력에는 맞서 싸우는 역할을 해야 한다는 것도 널리 인정되는 가치이다. 이러한 명제를 반박하는 것은 국제 여론의 흐름을 거스르는 행위이다. 국제적 분배 정의의 경우는 약간 더 힘들다. 국제 체제에는 부유하고 산업화된 국가가 빈곤한 국가를 원조할 의무가 있다는 (실제 원조는 국가마다 천차만별이지만) 규범이 존재한다.[19] 또 빈곤 완화와 경제 개발을 위한 복잡한 국제 제도가 존재하는데, 그중 두드러진 것이 유엔개발계획과 세계은행이다. 이러한 발전은 분배 정의라는 협소한 규범에 집중하여 이루어졌지만, 그럼에도 불구하고 이는 확고하고도 역사적으로 독특한 규범이다. 국제사의 어느 시점에도 이러한 규범이 존재한 적은 없었으며 ― 그와 관련된 제도는 말할 것도 없고 ―, 이제 부유한 국가는 빈곤한 국가에 대해 아무런 의무도 없다는 반대 주장을 받아들일 사람은 거의 없다(정말로 그렇게 주장하는 사람도 일부 있겠지만). 그러므로 지배적인 국가가 이러한 범세계주의적 목표를 증진하기 위해 자신의 능력을 사용한다면, 이는 윤리적으로 정당하다고 주장하는 편이 합리적이다.

마지막으로, 지배적인 국가의 권력 행사가 사람들의 동의에 근거하고 있다면 그것은 정당하다는 생각은 분명히 장점이 있다. 자유롭고 평등하며 호혜적인 "동의야말로 인간 사이에 존재하는 모든 정당한 권위의 근거를 이룬다"[20]고 장 자크 루소가 쓴 말은 유명하지만, 19세기 중반까지 이는 혁명적인 생각이었다. 하지만 그 이후로 정치권력의 행사가 동의에 근거해야 한다는 명제는 정치적 정당성의 기준이 되었다. 사람들이 대의 민주주의의 한계를 열거하곤 하지만, 현대 민주주의 정부는 자신들의 지배가 국민의 동의에 기초하고 있음을 근거로 그 정당성을 주장한다. 거꾸로 독재 정권은 그러한 동의를 결여했다는 비판을 받는다. 국제적 영역에서 국제법의 기본 원칙은(물론 여기에 관습법의 구속성이 작용하여 일이 복잡해지기는 하지만), 국가는 자신이 동의한 규칙만을 따를 의무가 있다는 것이다. 따라서 정치권력의 정당한 행사를 위해 동의가 필수 불가결하다는 관념은 완전히 정착되었다. 물론 특정한 형태의 권력을 정당화하기 위해 과연 누구의 동의를 얻어야 하는가, 또 진정한 동의란 무엇인가 하는 어려운 문제가 남아 있다. 하지만 이러한 문제를 차치하고, 브릴메이어가 제시한 대로, 패권적 권력이 그 대상자들의 동의에 근거하면 정당하다는 관념은 직관적으로도 설득력 있고 주된 정치 규칙의 규범과도 공명한다.

실용적 종합

위의 관념을 수긍하는 일은 비교적 쉽다. 하지만 이 중 무엇이 우선이고, 이들을 서로 어떻게 관련지을 것인가를 결정하기란 훨씬 어렵다. 문제는 국제적 공공재의 조달, 범세계주의적 목표의 추구, 동의의 필요성이 서로 항상 양립하지 않는다는 사실에서 유래한다. 이 중 한 가지를 추구하려면 다른 한 가지를 유예하거나 희생해야 할 수도 있다. 이는 국제 관계에서 질서와 정의의 관계에 대해 끊임없는 논쟁을 불러일으키는 이슈이다. 불의 원래 입장은 질서가 우선이어야 한다는 것, 다시 말해 "사회적 삶의 기본적이고 주된 목표가 어느 정도 마련된 가운데 사회적 행동 패턴이 존재할 때에만, 그보다 한 걸음 나아간 혹은 제2의 목표를 이룰 수 있다"[21]는 것이었다. 나아가, 그는 국제 질서를 보존하는 메커니즘이 정의의 추구와 적대적 관계에 있다고 믿었다. 세력 균형, 전쟁, 국제법, 강대국의 관리는 모두 "국제 정의와 관련해 널리 인정되는 대부분의 기본 원칙과 체계적으로 상반된다."[22] 한편 정의가 사실상 질서에 필수 불가결하며, 불의로 훼손된 정치 체제는 갈등과 불안을 겪을 가능성이 크다고 믿는 사람들은 이러한 관점을 반박한다. 불 자신도 나중에는 이러한 시각에 가까워졌다. 유럽 제국들의 식민지가 해체되고 "제3세계 연합"이 떠오르면서 형평성과 분배 정의가 요구되기에 이르자, 불은 이러한 요구를 다루는 데 실패하여 국제 질서의 기반이 흔들릴 것을 우려하였다.[23] 이 딜레마에 대한 나의 해결책은 — 어디까지나 실용적이고 부분적이지만 — 다음과 같다. (1) 범세계주의적 목표에 규범적 우선권을 부여한다. (2) 질서와 정의는 실제로 따로 떼어 놓을 수 없다. (3) 제도적 관리하의 변화에 권고적 우선권을 부여한다.

"사람들은 저마다 정의에 근거한 불가침성을 지니고 있다. 사회의 복리조차도 이를 침해할 수는 없다"[24]는 존 롤즈 John Rawls의 주장에는 진실의 핵심이 들어 있다고 나는 생각한다. 지난 2-3세기 동안 우리는 이 불가침성을 말하기 위해 인권이라는 단어를 사용해 왔다. 국적, 인종, 피부색, 성별, 종교를 막론하고 모든 사람들은 (특히 생존, 안전, 자유liberty에 대한) 특정한 기본권을 가지고 있다. 이러한 권리는 "자존심이 있는 사람이라면 이성적으로 도저히 부인할 수 없는 정당한 요구의 합리적인 근거이다"[25]라고 슈는 주장한다. 앞에서(151 페이지) 지적했듯이, 인권은 냉랭한 협정의 한계를 초월한 정치적 정당성의 리트머스 시험지가 된다. 비록 모든 대륙에서 매일같이 인권이 침해되고 있어도, 인권을 침해하는 국가는 이를 숨기고 부정한다. 정부들은 여전히 주권의 원칙을 방패

막이 삼아 외부의 감시를 차단하려 하지만, 이는 수사적 방패막이로서 더 이상 설득력을 잃었다. 국제 권리 장전International Bill of Rights — 세계 인권 선언, '시민적 · 정치적 권리에 관한 국제 규약', '사회적 · 경제적 권리에 관한 국제 규약'을 통틀어 일컫는 말이다 — 은 핵심적 · 부수적 국제 인권 및 국가가 지는 법적 의무를 제시하고 있다. 이는 또 국제 공동체에도 의무를 부과하고 있는데, 현재 이 의무는 국제 인권의 증진과 국가 역량의 향상에서부터, 국가가 권력을 남용하는 경우에 개입하고 반인도적 범죄와 대량 학살을 국제적으로 기소하는 데까지 확대되고 있다.

국제적 인권 같은 범세계주의적 가치에는 규범적 우선권이 부여되지만, 실제로 이는 국제 사회의 질서라는 전통적 가치와 서로 얽혀 있다. 국제 관계에서 질서의 수립은 모든 국가의 변치 않는 공통된 이익이며, 국가는 주권, 불간섭, 자결, 무력의 사용에 관한 규칙 등 질서를 유지하는 원칙을 고수하기 위해 상당한 노력을 아끼지 않는다. 또 이러한 원칙을 뒷받침하는 제도 — 국제법, 다자주의, 국제 회의 등 — 를 구축하고 유지하기 위해 상당한 에너지를 쏟는다. 국제 사회를 다원주의 입장에서 보는 학자들은 이러한 발전이 마치 더 큰 윤리적 담론에서 인지적 · 담론적 · 실질적으로 격리되어 있는 것처럼 제시하곤 한다. 그러나 아무것도 진실을 벗어날 수는 없다. 주권의 원칙이 의미하고 암시하는 바는 언제나 국가의 정당성이라는 개념에 의해 규정되어 왔으며, 국가의 정당성은 현대에 들어서 점차 개인의 권리 같은 범세계주의적 가치와 긴밀히 연관을 맺게 되었다. 마찬가지로, 지난 2세기 동안 국가가 완성해 온 국제 제도 또한 단순히 기능적 구조물이 아니라, (비록 불완전하기는 하지만) 자유주의적 거버넌스의 가치 — 예컨대 동의야말로 법의 정당성을 결정하는 유일한 근거이며, 지배는 모두에게 평등하게 적용되어야 한다는 원칙 — 를 체현한 산물이다. 시간이 지나면서 이러한 제도들은 이러한 가치를 국내 차원에서 증진하는 도구가 되기도 하였다. 그 흥미로운 예는 (비록 논쟁의 여지가 있지만) 유엔 헌장에서 "국제 평화와 안보에 대한 위협"에 인도주의적 위기가 포함되어 그 의미가 확장된 것이다. 모든 단계에서 질서의 정치는 정의의 정치와, 전통적 공공재의 조달은 범세계주의적 목표의 실현과 서로 얽혀 있다.

질서와 정의가 실제적으로 서로 얽혀 있다고 해서 이들의 상호 연관성에 아무 문제가 없다는 말은 아니다. 다른 지면에서 나는 "국제 정치의 불안"에 대해 언급하며, 질서와 정의라는 두 가치가 서로 화해하기 좀처럼 어려운 것이 그 불안의 주된 원인 중 하나임을 지적한 바 있다.[26] 범세계주의적 가치가 현대 국제 사회에서 전례 없는 규범적 위치를 차지했음에도 불구하고, 그중 실현된 것은 일부에 불과하며, 여러 국가가 기본권의 심각한 침해로 오점을 남기고 있다. 이러한 침해를 막기 위해 (개별적으로 혹은 집단적으로) 국가가 취해야 할 행동에 한계를 그을 수 있을까? 지역적·국제적 폭력이 확대될 위험을 무릅쓰고라도, 또는 국제 사회에 확립된 질서 원칙과 제도적 관습을 침해한다 해도, 폭군을 몰아내거나 기근을 완화하기 위해서라면 군사적 개입도 정당화될 수 있을까? 불은 이 같은 질문 끝에 "가끔은 끔찍한 결정을 내려야 할 때도 있다"[27] 는 결론을 내렸다.

　　여기서 나는 제도의 통제 하에서 이루어지는 변화라는 적극적이고도 신중한 전략을 옹호하는 편을 택하겠다. 여기서 "적극적forward-leaning"이란 말은 범세계주의적 가치의 진보적 실현이 국제 사회에서 성공적인 정치의 기준이 되어야 한다는 의미이다. 기본적 인권 침해로 전 지구적 사회생활이 훼손되는 한, 개개인과 이를 대표하는 국가는 자국에서든 해외에서든 인간 조건의 향상에 미치는 정치적 영향력을 올바른 방향으로 이끌 의무가 있다. 그러나 우리의 접근 방식은 보다 신중해야 한다. 역사적으로, 국가 간 전쟁의 폭력과 제국주의적 지배의 억압으로 인해 전 세계에서 기본적 인권이 위협받아 왔다. 그러나 국제 사회의 제도와 (주권, 불간섭, 자결, 무력 사용의 제한 등의) 성문적 규범은 이러한 위협적인 힘을 극적으로 감소시키는 데 기여하였다. 국가의 수는 증가했지만 국가 간 전쟁의 빈도는 현저히 줄어들었으며, 제국주의와 식민주의는 국제 사회의 핵심 제도 바깥으로 사라졌다. 그러므로 가치 있는 제도와 규범이라는 발판을 잃지 않으면서 신중하고도 적극적으로 행동해야 한다. 사실상 이는 제도의 통제를 받는 변화를 우선시하여, 국제 사회의 규칙과 절차를 거스르지 않고 그에 합당하게 행동한다는 말이다.

　　이것은 실제로 무엇을 의미하는가? 일반적으로 나는 이를 두 가지 뜻으로 받아들인다. 첫째, 국제 사회의 주요 규칙을 인지하고, 그것이 (자기 자신을 포함한) 행위자에게 부과하는 의무를 받아들인다는 뜻이다. 이 규칙은 크게 절차적 규칙과 실질적 규칙의 두 가지로 분류된다. 절차적 규칙 중에서도 가장 뚜렷한 것은 "평화에 대한 위협, 평화의 침해, 혹은 공격적 행동을 판단할" 권한을 지닌 유엔 안보리나 "국제 평화와 안보를 유지하거나 회복하기 위해"[28] 취하는 조치 등의 제도로 구체화되어 있다. 그보다 보편적인(하지만 역시 중요한) 절차적 규칙으로는, 국가는 자신이 동의한 규칙에만 구속된다는 기본 원칙이 있다. 동의를 표하지 않은 국가까지 구속하는 관습적 국제법도 일부분 암묵적으로 동의했다는 전제에 기반하고 있다. 국제 사회의 실질적 규칙은 무수히 많지만, 아마 그 중에서도 가장 중요한 것은 무력 사용에 대한 규칙 — 언제 무력 사용이 허용되는가를 규정하는 정전 규범(jus ad bellum), 어떻게 사용해야 하는가를 규정하는 전투 행위에 대한 규범(jus in bello) — 일 것이다. 둘째, 국제 사회의 규칙과 절차에 따른다는 것은 변화와 혁신의 주된 양상이 소통되어야 함을 인정한다는 뜻이기도 하다. 이는 범세계주의적 목적과 국제적 공공재를 위해 새로운 규칙과 메커니즘을 확립하거나 기존의 것을 변경하는 일이, 최후통첩이나 강압이 아니라 설득과 협상을 통해 이루어져야 한다는 말이다. 따라서 변화의 사례를 제시하고, 타인의 관심과 이익을 정당한 것으로 인정하고, 진정한 의사소통은 요구해서 받는 것이 아니라 주고받는 것이라는 생각에 무게를 두어야 할 것이다.

제도의 통제를 받는 변화를 우선시하는 것은 과도하게 보수적인 전략으로 비칠 수도 있지만, 그렇게 볼 필요는 없다. 앞에서 설명한 대로, 국제 사회에 확립된 절차적·실질적 규칙은 (부분적이고 부적합한 방식으로일지는 몰라도) 실제로 범세계주의적 목표를 증진하는 국제적 공공재를 가져다준다. 이러한 규칙을 무시한다면 국가 간 폭력과 제국주의만 가중될 뿐이며, 이렇게 되면 전 지구적 기본 인권의 보호는 급격히 퇴보하게 될 것이 거의 확실하다. 이러한 규칙을 보존해야 된다고 말하는 것은 보수적인 것이 아니라 신중한 것이다. 게다가, 우리는 국제 사회의 제도들이 (창조적으로 활용되는 것이 현재의 일시적인 현상일 수도 있지만) 변화를 이끌어 낼 잠재력을 지니고 있음을 알고 있다.

최근 들어, 학자들은 이러한 잠재력을 두 가지 측면으로 보여 주고 있다. 첫째, 국가와 비국가 행위자가 기존에 확립된 원칙을 받아들이고 그 위에 새로운 규범을 "접목" 함으로써 국제 사회의 새로운 규칙을 수립할 수 있다는 사실이다. 예를 들어, 반지뢰 운동은 헤이그 협약과 제네바 협약에서 정식화된 "문명화된" 전쟁이라는 개념을 받아들이고, 대인 지뢰의 제조 및 사용이 이러한 개념에 저촉됨을 효과적으로 주장함으로써, 지뢰를 사용하지 않는 새로운 규범을 수립하는 데 기여하였다.[29] 둘째, 국가들은 국제 인권 조약에 서명하면서도 실제 그 규범이 집행되도록 최선을 다하는 일은 드물다. 그러나 여러 사례를 보면 국제 기구와 비정부 인권 기구 사이에 지역적·초국적으로 활동하는 비공식적 네트워크가 나타나고 있다. 이러한 네트워크는 일반적으로 물질적 권력을 지니지 못했지만,

"정보 정치," "상징 정치," "지렛대(레버리지) 정치," "책임 정치"를 활용함으로써, 설득과 사회화 전략을 통해 국가 관습에 진정한 변화를 몰고 왔다. "이들은 단순히 '규범을 정하는 enactor'데서 나아가, 규범의 생성력을 증폭하고 이러한 규범이 낳는 실천의 범위를 확장하며, 때로는 규범 자체를 재협상하고 변화시키기까지 한다."[30] 따라서 국제 사회의 규범이 창조적인 정치적 행위자의 손에 들어가면, 국제 사회와 세계 사회의 경계를 희미하게 만들면서 변화를 이끄는 정치의 규범적 자산이 될 수 있다.

내가 보기에 신중함의 고삐를 내던지고 국제 사회에 확립된 제도적 과정의 바깥에서 범세계주의적 가치를 추구해야 할 경우는 오직 하나뿐이다 — 극히 중대한 인도주의적 비상사태를 방지하거나 저지하기 위한 방법이 그것밖에 없을 때이다. 우리 대다수는 어린이의 생명을 구하기 위해서라면 법을 어기고라도 달려들듯이, "인류의 도덕적 양심에 충격을 가하는" 범죄를 막기 위해서라면 국제법이라도 비켜 갈 준비가 되어 있다. 지난 50년 동안 학자들은 불간섭 원칙의 존엄성을 지지할 것인가, 아니면 인도주의적 군사 개입권의 확립을 촉구할 것인가를 놓고 갈팡질팡했다. 전자의 입장은 초강대국의 모험주의로 인한 위험이 명백히 보였던 베트남 전쟁 중에 두드러졌다. 후자의 입장은 냉전의 종결 뒤에 지정학적 위험성이 일순간 시야에서 사라지고 대신에 집단 간의 폭력이 대두하면서 두드러지게 나타나기 시작했다.[31] 최근 들어 강자의 오만에 다시금 제약을 가할 필요가 생기면서, 흐름은 이제 다시 반대 방향으로 가고 있는 듯하다. 그러나 인도주의적 군사 개입의 가능성을 완전히 배제한다면 가장 기본적인 보호의 의무를 저버리게 될 수도 있기 때문에 그럴 수는 없다. 그보다는 극히 중대한 인도주의적 비상 사태가 닥칠 때까지 개입을 유보해 두는 편이 낫다. 여기서 개입의 문턱은 반드시 높아야 한다. 그렇지 않으면 자기 이익을 위한 목적에 인도주의적 언어가 동원되는 수가 있다. 나는 "극히 중대한 인도주의적 비상사태"를 마이클 왈쩌Michael Walzer와 비슷한 방식으로 정의한다. 이는 공동체 성원 중 상당수가 노예화, 학살, 굶주림 등에 직면한 상황을 말한다.[32] 이 기준에 따르면, 소말리아와 코소보에 대한 개입은 정당화될 수 있으며(물론 그 실질적인 수행과 효율성의 문제가 끊임없이 제기되고 있지만), 르완다에 개입했더라도 확실히 그랬을 것이다.

그러나 극히 중대한 인도주의적 비상사태가 벌어지고 있는지 여부를 어떻게 판단할 것인가 하는 문제는 여전히 남아있다. 과연 그 문턱에 다다랐는지, 강대국들이 단순히 자기 이익을 위한 행동을 인도주의의 포장 뒤에 숨기고 있는 것은 아닌지를 우리가 어떻게 확신할 것인가? 내가 보기에 이것은 제도적 설계의 문제, 즉 행동은 신속하게 하되 의사 결정은 공정하게 하는 절차를 확립하는 문제로 보인다. 개입에 대해서 사후에 독립적으로 검토하자는 헨리 슈의 제안도 한 가지 가능한 해결책이다. "간단한 조치를 취함으로써, 꼭 필요한 개입 행위를 명확한 규범 하에 놓아 조절하며, 마땅히 수행해야 할 개입을 회피하려는 경향이 있는 이들과 반대로 자제해야 할 때에 개입하려는 경향이 있는 이들이 최소한 세계 여론의 법정에서 무슨 말을 해야 할지 걱정하도록 만들 수 있다."[33] 국가주권과 개입에 관한 국제위원회(International Commission on Intervention and State Sovereignty, ICISS) 또한 최근 펴낸 보고서 『보호의 책임*Responsibility to Protect*』에서 제도적 해결책을 제시한 바 있다.[34]

네 가지 경험 원칙

앞서 종합한 내용에서 부시 행정부의 대전략의 윤리를 평가하는 네 가지 경험 원칙을 추출할 수 있다. 여기서 일부러 "경험 원칙rules of thumb"이라는 말을 사용한 까닭은, 우리의 목적은 교조주의적으로 혹은 무반성적으로 적용되는 법칙이 아니라 평가의 출발점으로 삼을 수 있는 대강의 기준을 식별하는 일이기 때문이다. 그중 어느 하나만 확인하고 다른 것을 무시하면 행정부의 대전략은 윤리적으로 결함을 지니게 된다는 의미에서, 이러한 원칙을 총체적으로 다루는 것이 중요하다. 네 가지 경험 원칙은 다음과 같다.

1. 지배 국가가 취하는 대전략이 범세계주의적 가치의 실현(특히 전 지구적 기본권의 충족)에 의식적이고도 명백하게 기여한다면, 그것은 윤리적으로 정당화될 수 있다. 만약 미국 행정부가 세계 질서의 성격을 새롭게 함으로써 세계인의 생존 · 안전 · 자유의 권리를 보호하고 충족하기 위해 자신의 경제적 ·

물질적 · 사회적 자원을 활용한 협력 프로그램에 착수한다면, 이는 그 예가 될 수 있다. 그러한 기획이 생존 · 안전 · 자유 등의 진정한 이득을 약속한다면, 그리고 시간이 흘러도 목적과 실천이 변함없이 일관성을 보인다면, 이 프로그램이 윤리적 가치가 있다고 판단하지 않기란 어려울 것이다. 그러나 비슷한 야심의 기획이라도 자기 이익이나 소수 강대국, 기업, 개인의 이름으로 행해진다면 같은 말을 하기란 힘들 것이다.

2. 지배 국가가 취하는 대전략이 기존의 절차적 · 실질적 국제 규칙 및 규범의 틀 안에서 수행된다면, 그것은 윤리적으로 정당화될 수 있다. 미국 행정부가 앞에서 말한 바와 같은 일종의 범세계주의적 프로그램에 착수한다 할지라도, 그 윤리적 · 정치적 정당성을 확보하기 위해서는 국제 사회의 기존의 제도적 규칙과 절차를 통해서 프로그램을 추진해야 한다. 이 규칙에는 자결과 불간섭의 원칙에서부터 전쟁법까지 모든 규칙이, 그리고 절차에는 조약법에서부터 안보리의 의사 결정 규칙에 이르기까지 국제 사회의 모든 핵심 절차가 포함된다. 앞서의 논의에서도 지적했지만, 이러한 제도는 도덕적 · 실용적 가치를 지니고 있으며, (전통적 시각으로 본) 국제적 공공재와 범세계주의적 가치 모두의 실현에 기여한다. 이 같은 제도를 통해 대전략을 추구한다는 것은 국제 사회의 주된 절차적 · 실질적 규칙을 인정하고, 그 혁신과 변화 또한 주로 의사소통을 통해 이루어져야 한다는 사실을 받아들인다는 말이다.

3. 지배 국가가 취하는 대전략이 국제적 공공재를 조달하는 데 도움이 된다면, 그것은 윤리적으로 정당화될 수 있다. 그러나

경험 원칙 1번과 2번에 위배되지 않으려면, 이 공공재는 기본적 인권의 충족과 양립해야 하며, 이미 확립된 제도적 과정을 통해 협상 및 추구되어야 한다. 강대국이나 패권 국가들이 제공하는 국제적 공공재를 열거할 때 학자들은 흔히 안정된 세력 균형, 개방된 국제 시장, 공해公海의 자유 등을 강조하곤 한다. 이것들이 공공재로 인정된 역사는 저마다 다르다. 예컨대 역사상 어느 시점에서도 안정된 세력 균형은 좋은 것으로 여겨졌지만, 국제 시장 개방은 항상 그렇지는 않았다. 다른 말로, 국제 체제가 진화함에 따라 국제 질서가 크나큰 도전에 직면하여 대규모의 수정이 필요해졌다는 데 공감한다면, 이러한 새로운 환경이 요구하는 새로운 공공재가 무엇인지 물어야 합당하다. 또 이 새로운 공공재는 생존, 안전, 자유라는 기본적 인권의 충족을 염두에 두고 설계하는 것이 합리적이다. 그러나 가장 중요한 것은, 적절한 공공재의 범위는 국제 사회에 존재하는 제도적 과정을 통해 협상해야 한다는 것이다. 그 결과로 산출되는 이익이 개별적인 이익이 아니라 사회적 이익으로 되려면, 일방적 기회주의가 아닌 집단의 정치적 숙고를 통해 질서와 정의를 화해시키려면, 이것만이 유일한 길이다.

4. 지배 국가 스스로 반드시 따라야 할 국제 규칙을 위반하는 행동을 하는 경우에는, 극히 중대한 인도주의적 비상사태를 막기 위해서일 때에만 윤리적으로 정당화될 수 있다. 자기 방어는 법을 어기는 행위를 정당화하는 논리가 될 수 없다. 무력 사용을 통제하는 기존의 법에서도 자기 방어의 범위를 폭넓게 규정하고 있기 때문이다. 국제 평화와 안보의 필요성 또한 정당화 논

리로 충분치 못하다. 이는 국가 공동체가 유엔의 보호를 통해 (비록 불완전하게라도) 다룰 권리를 지니고 있는 집단적 공공재이기 때문이다. 꼭 해야 하는 일에 이러한 법과 절차가 진정 부적합하다면, 지배 국가는 경험 원칙 2번에 따라 자신의 역량을 발휘하되 확립된 제도적 과정을 준수하여 이를 개혁할 의무가 있다. 법을 어기는 행동이 정당화되는 것은 대규모의 사람들이 굶주림, 노예화, 학살에 직면했을 때, 그리고 그러한 인도주의적 비상사태를 막을 수 있는 수단이 그것뿐일 때에 국한된다.

도덕주의의 윤리

서론에서 지적한 것처럼, 도덕주의자들에게는 도덕적 감시가 요구되며, 부시 행정부만큼 이것이 들어맞는 예는 없다. 모든 정치가들은 자신의 수사를 도덕적 정당성에 대한 주장으로 장식하며, 미국의 지도자들은 이를 예술의 형태로까지 발전시켰다. 그러나 부시 행정부와 그 신보수주의 종자들은 새삼스러운 열정과 십자군적 열광을 띠고 이를 수행한다. 부시가 육군사관학교 졸업식에서 말한 것처럼, "우리는 선과 악이 충돌하는 가운데 있으며, 미국은 악을 악이라 부를 것이다."[35] (대중매체에서 붙인 호칭에 따르면) 이 도덕주의자들의 담론은 여러 도덕적 주장과 입장의 혼합물이며,[36] 그중에서도 네 가지가 두

드러진다. 가장 포괄적인 차원에서 그들은 자신들이 3대 보편적 가치인 "자유, 민주주의, 자유 기업"의 옹호자라고 주장한다. 마찬가지로 포괄적인 차원에서 그들은 미국이 국제 질서의 수호자이며 국제적 공공재의 최고 권위자라고 주장한다. 부시는 육군사관학교 졸업식에서, "미국은 도전을 불허하는 군사력을 가지고 있으며, 이를 유지할 것이다. 따라서 이전 시대와 같은 불안정한 군비 경쟁은 더 이상 무의미하며, 국가 간 경쟁은 무역을 비롯한 평화적인 분야로 제한된다"[37]라고 말했다. 이 자유와 질서라는 "사심 없는" 목표는 보다 이기적인(동시에 그만큼 도덕적인) 주장으로 뒷받침된다. 그것은 자기 방어의 권리에 대한 호소로서, 특히 행정부가 그 현상 재편적 기획을 정당화하는 가운데 두드러진다. 이라크 전쟁을 하루 앞두고 부시는 미국 국민들에게, "미국의 대의는 옳고 정당하다. 그것은 억압된 국민들에게 자유를, 미국 국민들에게 안전을 주려는 것이다"[38]라고 말했다. 행정부가 채택한 네 번째 도덕적 입장은 무정형으로 은폐되어 있지만, 그럼에도 매우 중요한 것이다. 이것은 소위 정직한 피해자의 입장으로서, 미국이 통탄할 피해를 입었으므로 그에 대해 복수할 권리가 있고, 그래서 미국은 상당한 행동의 자유를 누릴 자격이 있다는 것이다.

언뜻 보기에 이 도덕적 혼합물의 면면은 우리가 정리한 경험 원칙 중 적어도 한두 개와 일치하는 바가 있다. 즉, 자유freedom, 민주주의, 자유 기업의 가치는 자유liberty의 기본권과 연관된다. 그러나 이는 직접적인 관계는 아니며, 국제 질서를 무조건 국제적 공공재로 취급할 수도 없다. 부시 독트린과 우리의 윤리적 틀은 서로 일치하는 점보다는 불일치하는 측면이 훨씬 두드러진다.

우리의 첫 번째 경험 원칙 — 전 지구적 패권 전략은 기본적 인권의 충족에 기여할 때에만 정당하다고 볼 수 있다 — 과 관련하여, 부시 행정부의 입장에 존재하는 명백한 모순을 넘어서기란 힘들다. 자유권right to liberty을 예로 들어 보자. 미국이 자유권의 옹호자라는 말은 행정부의 수사에서 특히 두드러지는 부분이다. 미국기업연구소에서 한 연설에서, 부시는 "미국의 결의와 목표, 그리고 우리의 우방과 동맹의 힘으로, 우리는 이 시대를 진보와 자유의 시대로 만들 것이다"[39]라고 말했다. 그러나 우리는 루소가 "자유란 스스로가 정한 법을 준수하는 것이다"[40]라고 한 유명한 말을 기억할 필요가 있다. 전 지구적 차원에서 이는 최소한 두 가지 의미를 띨 수 있다. 우선 한 국가 안에서는 개인이나 그 대표자가 국법을 제정할 수 있으며, 국제적으로는 국민의 불완전한 대표자로서 국가가 국제 규칙을 수립할 수 있다. 미국이 민주주의를 전파한다는 행정부의 수사 중 대부분은 이 요구 조건 중 첫 번째와 관련되지만, 두 가지 점에서 모순을 띤다. 첫째는 행정부가 추진하는 성전의 절대주의적 성격으로서, 국가가 성공하는 데는 오직 한 가지 모델밖에 없다는 무조건적인 신념이다. 이 절대주의는 세계인에게 진정한 자유가 주어졌을 때 다양성 — 특히 문화적으로 이질적인 세계 질서 — 이 탄생한다는 사실과 얼마나 양립할 수 있을까? 두 번째는 행정부가 테러리즘과 불량 국

가에 맞서 벌이는 전쟁의 성격이다. 이 전쟁에서 두드러지면
서도 동시에 은폐되어 있는 측면은, 바로 (예멘에서와 같은) 초
법적 살인을 비롯하여 CIA의 전 세계적 비밀공작 수행 권한이
극적으로 강화된 점이다. 행정부가 전 세계적으로 자유를 증
진하기 위해 열심히 외교적인 압력을 가한다고 해도, 그와 동
시에 비민주적 형태의 비밀스런 폭력과 사보타주에 관여하고
있다면 과연 얼마나 성공할 수 있을까? 국가들이 국제 규칙을
제정해야 한다는 조건으로 다시 돌아가 보면, 그림은 훨씬 선
명해진다. 행정부의 뻔뻔한 일방주의와 국제 제도에 대한 노
골적인 경멸은 국제 사회의 규칙을 제정하는 국가 공동체와
양립할 수 있을까?

　이로써 우리는, 패권 대전략의 수행이 제도적 통제를 받아
야 한다는 두 번째 경험 원칙으로 돌아오게 된다. 이 조건을
충족하려면 지배 국가는 국제 사회의 주요 절차적 · 실질적 규
칙을 인정할 필요가 있다. 모든 증거를 종합해 보았을 때, 부
시 행정부는 이러한 규칙을 경멸적으로 취급하고 있다. 국제
규칙에 반항하는 부시 행정부의 경향은 거의 전설적이다. 그
많은 예들 중 일부분만 들어 보면 이렇다. 우선, 행정부는 교
토 의정서와 국제형사재판소를 분쇄하려고 했지만 뜻을 이루
지 못했으며, 탄도 미사일 방어 조약에서도 탈퇴했다. 미국은
소말리아를 제외하고 '아동의 무력 분쟁 관여에 관한 선택 의
정서'를 비준하지 않은 유일한 국가이다. 또 생물무기금지협
약을 강화하려는 노력을 무산시켰으며, 화학무기금지협약을
훼손하기 위해 노력하였다. 또 포괄적 핵실험 금지 조약을 비

준하는 데 관심을 보이지 않았으며, 전쟁법 제15조를 위반하고 관타나모 베이에 수백 명의 포로들을 수용하고 있다.[41] 그러나 그중에서도 가장 악명 높은 국제법 위반 사례는 안보리의 승인을 받지 않고 이라크에서 전쟁을 일으키기로 결정한 것이다. 이 행위에 대해서는 마지막 장에서 좀 더 상세히 검토할 것이다. 이 행위는 법을 어겼을 뿐만 아니라, 이 경험 원칙의 두 번째 차원 — 제도의 혁신이나 변화는 반드시 의사소통을 거쳐야 한다 — 에 대한 행정부의 태도를 보여 주었다. 행정부는 무력 사용을 승인하지 않으면 일방적으로 행동하겠다는 최후통첩을 가지고 안보리의 의사 결정 과정에 들어갔다. 안보리 구성원의 대다수가 봉쇄 정책을 취하면서 동시에 무기 사찰 체제를 부활하는 혼합책을 선호했음에도 불구하고, 그리고 과정이 진행됨에 따라 행정부가 외교적 근거를 잃었음에도 불구하고, 행정부는 전쟁 시간표가 지연되는 것을 전혀 받아들이지 않았다. 이 과정 내내 행정부 고위 관리들은(아마도 콜린 파월만 제외하고) 타국의 이익이나 기존의 규칙 준수나 진정한 협상에는 거의 관심을 보이지 않았다. 결국 이 분야에서 부시 행정부의 경험 원칙은 자신들의 행동의 자유를 방해하는 국제 규칙이나 절차는 피해 가거나 위반하거나 훼손하는 것임을 보여 준다.

우리의 세 번째 경험 원칙은, 지배 국가의 현상 재편적 행동은 국제적 공공재를 가져다주었을 때에 윤리적으로 정당화된다는 것이다. 다만 이 공공재는 기본 인권의 충족과 합치되어야 하며, 확립된 제도적 과정을 통한 협상을 거쳐야 한다.

부시 행정부의 수사는 대전략이 국제적 공공재에 기여한다는 내용으로 가득 차 있지만, 그중에서도 최고선은 "인류의 자유에 우호적인 세력 균형"을 창출하는 일인 듯하다. 2장에서 설명했듯이, 이는 두 가지 의미를 갖는다. 첫째, 미국 정부는 그 어떤 강대국도 그 우위에 도전하지 못하며, 불량 국가와 테러리스트들이 국가 안보와 국제 안보를 훼손하지 못할 것임을 확신하면서 미국의 우세를 열렬히 옹호할 것이다. 둘째, 그러한 "균형"은 "자유, 민주주의, 자유 기업이라는 단 하나의 지속 가능한 국가 성공 모델"을 촉진할 것이다. 이러한 관념이 "세력 균형 유지"처럼 국제적 공공재를 지칭하는 전형적인 표현을 담고 있으며, 그 균형의 가치가 여기서 옹호하는 범세계주의적 가치와 일부 일치하기는 하지만, 그들은 여전히 세 번째 경험 원칙을 충족하기에는 한참 부족하다.

우선, 미국의 정책 결정권자들은 미국의 불균형한 우세가 실은 국제적 공공재임을 입증해 보여야 한다는 부담을 안고 있다. 즉, 미국이 지금보다 약하다면 국제적 불안과 다른 강대국들의 경쟁을 유발할 수 있기 때문에, 이러한 우세가 실제로 높은 수준의 전 지구적 안보와 복지를 가져다준다는 사실을 보여 주어야 한다. 이와 관련한 부시 행정부의 빈약한 실적은 이라크 전쟁에 관한 전례 없는 전 세계적 반대 운동에서 분명히 드러났다. 둘째로 (자유 기업은 차치하고) 자유와 민주주의는 인류에게 바람직한 이익이지만, "실제로 존재하는" 인간 사회에서 이 가치는 여러 가지 다른 의미를 띠며, 전 지구적으로 이 가치를 선전한다 해도 결국에는 다양한 형태의 정체가 창출될 것임을 우리는 알고 있다. 부시 행정부는 이러한 가치를 전파하는 데 진지하게 매진하고 있지만, 지난 50년간 미국의 공적이 시사하는 바는, 미국의 정치적·군사적·경제적 이익에 봉사하지 않는다면, 미국 정부는 실제로 존재하는 민주주의 체제에 심각한 불관용을 보일 수도 있다는 점이다. 보편주의와 불관용은 서로를 동반하곤 한다. 예컨대 전쟁 이후 이라크에 세워진 진정한 민주 정부가 중동에서 미국 정부의 전략 지정학적 이익에 공명할 것인가, 만약 그렇지 않다면 미국은 그것을 가만히 두고 볼 것인가를 질문해 볼 수 있다. 셋째, 이전 단락에서 지적한 것처럼, 부시 행정부는 필요하다면 확립된 국제 제도 바깥에서 대전략을 수행하기로 결정한다. 또 그에 걸맞게 가장 지원이 절실한 국제적 공공재를 논의하는 국제적 대화에 참여하려는 경향을 거의 보이지 않는다.

　마지막 경험 원칙이 규정하고 있는 것은, 지배 국가가 스스로 따라야 할 의무가 있는 주된 국제 규칙을 위반하는 것은 지극히 중대한 인도주의적 비상사태를 막아야 할 때에만 윤리적으로 정당화될 수 있다는 것이다. 이와 관련해서는 부시 행정부의 독트린과 그 수행에 대해 두 가지 관찰이 가능하다. 첫째, 행정부는 조약법이든 관습법이든 미국이 공식적으로 준수할 의무가 있는 주요한 국제 규칙을 주저 없이 위반해 왔다. 이 모든 위반 행위는 중대한 인도주의적 비상사태와는 아무 상관없는 이유로 행해졌다. 그중에서도 가장 주목할 만한 사례는 전쟁법과 관련된 것으로, 전쟁 자체의 정당성에 관한 "정전 규범(jus ad bellum)"과 전쟁 중 행위의 적법성을 규율하는

"전투 행위에 관한 규범(jus in bello)" 둘 다 해당된다. 논쟁의
여지가 있지만, 국제법적 여론은 안보리의 승인 없이 수행된
이라크 전쟁이 무력의 행사를 규제하는 유엔 헌장 규칙을 위
반한다는 쪽으로 기울어 있다. 또 일단 개시된 전쟁 중의 행위
를 규제하는 법과 관련해서는, 관타나모 베이에 탈레반 및 알
카에다 조직원으로 의심되는 이들을 수용한 행위는 전쟁 포로
의 처우를 규제하는 여러 법률에 위배되며, 아마도 미국 헌법
에도 위배될 것이다.[42] 둘째, 행정부는 자기 이익을 추구하기
위한 행동을 정당화하기 위해 의식적으로 인도주의적 언어를
사용하고 있다. 아프가니스탄과 이라크 전쟁은 폭정 아래 있
는 국민들을 해방시키기 위한 인도주의적 개입으로 미화되었
으며, 기존 정권에는 가장 가증스런 인권 침해를 저질렀다는
혐의가 씌워졌다. 여기서 이 정권들이 저질렀다는 죄목을 부
정하지는 않겠지만, 몇 가지 점을 볼 때 행정부의 인도주의적
신뢰성에는 의심이 간다. 즉, 두 개입 모두 배후에 이기적인
동기가 크게 도사리고 있으며, 행정부는 파키스탄과 사우디아
라비아 등 끔찍한 인권 침해를 기록한 다른 독재 정권과 우방
관계를 맺은 바 있다. 그리고 행정부는 수단, 콩고민주공화국,
짐바브웨 등 진정한 인도주의적 위기에 처한 나라들에 대한
개입에는 거의 관심을 보이지 않았다. 혹자는 부시 행정부가
이전 정부보다는 르완다와 보스니아에 대한 개입에 좀 더 성
의를 보이지 않았느냐고 물을지도 모르지만, 지금까지의 성적
으로 보아서는 회의를 불러일으키기에 충분하다.

결론

이 장은 다음 몇 가지 질문에 대답하기 위해 시작하였다. 부시 행정부는 어떤 유형의 정치적 기획을 추구하는가, 그리고 그 기획을 수행하는 국제적 맥락은 어떠한가? 행정부의 대전략을 평가하기 위해서는 어떤 윤리적 원칙이 적절한가, 그리고 이러한 원칙을 기준으로 했을 때 어떤 평가를 내릴 수 있는가? 이상의 논의를 통해 본 부시 독트린은 패권 부흥을 위한 급진적 기획으로서, 대단히 복잡하고 도전적인 국제 질서 속에서 수행되고 있다. 나는 패권적 권력의 행사를 평가하는 다섯 가지 윤리적 입장을 검토한 후, 그중 세 가지를 실용적으로 종합하는 안을 제시하고 여기에 임시로 "절차적 연대주의"라는 이름을 붙였다. 이 입장은 범세계주의적 가치의 추구에 규범적 우선순위를 부여하고, 넓게 정의하여 기존 국제 제도의 규칙과 과정을 통해서 그러한 가치를 추구하는 데 권고적 우선순위를 부여한다. 그럼으로써 정의와 질서의 두 가지 요구 사이에 "적극적으로" 균형을 이루려고 하였다. 그리고 이 균형을 "운용 가능하도록" 만들기 위해 네 가지 경험 원칙을 추출하고, 그것을 행정부가 진술한 목표에 비추어 대조하였다. 그 결과는 신나는 것은 아니다. 부시 행정부가 범세계주의적으로 들리는 목표를 내세우고는 있지만, 이는 그들 독트린 내의 다른 요소와 모순된다. 국제 제도를 지지한다고 표현하기는 하지만, 최후통첩과 탈퇴 등의 전략은 그 표현과 일치하지 않는다. 그리고 자신들의 개입을 인도주의적 언어로 포장하고 있기는 하지만, 실제 결과는 강대국의 도덕성에 관한 현실주의적 회의를 더욱 짙게 만들고 있을 뿐이다.

2장에서 보았듯이, 신보수주의자들은 미국의 소프트 파워, 즉 세계인의 마음과 환심을 얻음으로써 그 목표를 성취하는 능력을 크게 강조하고 있다. 이는 그들이 미국적 가치의 보편성, 미국의 패권의 온건한 성격, 미국 사회와 제도의 문화적 유인력을 끊임없이 언급하는 가운데 드러난다. 그러나 권력을 보는 그들의 관점이 비사회적이기 때문에 그들이 미처 보지 못하는 소프트 파워의 중요한 측면이 있다. 국가는 그 사회적 정체성이 국제 사회의 주요 규범과 조화를 이룰 때에 비로소 소프트 파워를 가졌다고 말할 수 있으며, 그 나라의 이익과 행위가 일정한 정당성을 지니게 된다. 다른 행위자들이 어떤 국가의 리더십을 인정하는 까닭은, 그 리더십 안에 국제적 사회 규범이 구체화되어 있다고 보기 때문이다. 물론 어떤 국가도 그러한 규범을 완벽히 체현하거나 그 사회적 정체성을 영구히 유지할 수는 없다. 그러나 자유주의적 · 범세계주의적 규범 및 국제 사회의 절차적 핵심 규칙과 관련하여 편협하게 행동하는 국가는 그 소프트 파워가 심각하게 훼손될 위험에 처해 있는 셈이다. 따라서 윤리적 정당성을 갖추는 것은(혹은 그렇게 인정받는 것은) 세계 질서에만 중요한 것이 아니라 전 세계에 미치는 미국의 정치적 영향력의 미래에도 중요한 것이다.

5. 강압과 탈퇴

미국이 주도하는 이라크 전쟁이 개시되자, 찰스 크라우트해머는 자신이 내세운 "단극의 순간" 명제를 자신만만하게 다시 발표했다. 그는 세계적 사건의 흐름이 자신의 원래 주장을 그대로 입증해 주고 있다고 주장했다. "예상과는 반대로, 미국은 중간치로 퇴보하지 않았고, 오히려 그 우세가 극적으로 증대하였다."[1] 과거의 패권 국가들과는 달리, 미국은 "모든 측면에서 우위를 점하고 있다. 군사, 경제, 기술, 외교, 문화, 심지어 언어까지도 월등하다. 무수한 나라들이 인터넷으로 더욱 가속화된 MTV 영어의 무지막지한 침입을 막아내려 헛되이 애쓰고 있다."[2] 단극 체제라는 현실 덕분에 미국은 "신新일방주의적" 대외 정책을 추진할 수 있는 유일한 가능성을 지니게 되었다. 이 대외 정책에 따르면, 미국의 이익은 단순한 자기 방어에 그치지 않고 "자유에 우호적인 세력 균형"을 창출하는 데까지 확장된다. 따라서 미국은 "민주주의를 발전시킴으로써 평화를 확대하고, 최후의 균형자로서 행동하여 평화를 유지하는"[3]

두 가지 이익을 전 세계에 돌려준다는 것이다.

이전과 마찬가지로, 크라우트해머는 유엔과 다자주의의 중요성을 강조하는 사람들을 비웃는다. 그는 유엔 안보리가 — 특히 무력 사용과 관련하여 — 미국의 행동의 정당성을 판단할 수 있다는(혹은 해야 한다는) 생각을 노골적으로 비난한다. "안보리는 실제로 제 몫을 하는 드문 경우에도 현실 정치의 힘의 논리에 좌우되는 곳이다. 그런데 도대체 어떤 논리로 이곳이 국제적 도덕의 산실이란 말인가?"[4] 그는 미국이 자신의 이익을 규정하고, 그 이익을 실현하기 위해 유동적인 '의지의 동맹'을 소집해야 한다고 주장하며, "미국의 권력에 다자주의의 수갑을 채우기를" 바라는 사람들을 비난한다. "동맹은 강대국이 손에 모자를 들고 구걸하러 다닌다고 이루어지는 것이 아니다. 자기 입장을 확실히 다진 뒤 여기에 다른 나라가 함께하도록 초대함으로써 이루어지는 것이다."[5] 다른 나라들이 내키지 않아 하면, 미국은 홀로 또는 따르는 나라들하고만 행동할 준비를 해야 한다. 그의 글은 이라크에 대한 안보리의 심의가 무산되기 이전에 쓰였지만, 그는 부시 행정부의 전략을 정확히 예측하였다. "그 어떤 일방주의자도 이라크 공격에 대해 안보리가 지원한다는 데 거부하지는 않을 것이다. 일방주의와 다자주의를 구분 짓는 중요한 질문은 바로 이것이다. 결국 안보리가 지원을 거부한다면 어떻게 할 것인가? 중대한 국가 — 그리고 국제 — 안보가 걸린 이슈에 대해 이리저리 휘둘리고만 있을 것인가?"[6]

앞 장에서 이러한 생각이 위험할 정도로 오류를 범하고

있음을 제시한 바 있다. 이런 생각은 우선 명백히 이상주의적임은 물론 유토피아적이기까지 하다. 이는 인간 이성과 법을 통한 평화를 과도하게 믿었던 양차 대전 사이의 이상주의를 말하는 것이 아니라, 미국의 변형 능력을 무조건 신뢰하며, 미국의 이익이 보편적이라고 상상하며, 국제 사회의 다른 구성원이 세계 질서의 미래에 대해 의견을 달리할 가능성을 부인하며, 현실에 존재하는 문화적 다양성과 세계인의 행위 능력을 무시한다는 의미이다. 이 모든 것은 이상주의의 핵심인 정치의 편재성에 대한 부정으로 이어진다. 게다가, 부시 독트린의 기저에 놓인 권력 이론은 근본적으로 오류투성이이다. 첫째로 이 이론은 권력 자원과 정치적 영향력 사이에 단순한 인과 관계가 있다고 가정하고 있지만, 미국 외교의 실패로 미루어 볼 때 이 관계는 희미해지고 있다. 권력 자원에만 초점을 맞춘 권력 개념은 정의상 영향력을 발휘하는 다른 요소들을 무시하기 때문에 효과적인 국가 정책의 지침이 될 수 없다.

두 번째 오류는 미국의 행위가 국제 공동체의 승인을 받아서가 아니라, 미국의 이익이 보편적이기 때문에 미국의 행위가 정당하다는 가정이다. 이러한 가정 때문에 미국의 정책 결정권자들은 정당성의 현실 국제 정치에 장님이 되어 버린다. 보지 않기로 할 수는 있지만 눈앞에서 사라지길 바랄 수는 없는 노릇이다. 세 번째 오류는 미국의 문화적 유인력에 대한 가정이다. 세계 인구의 상당수가 미국의 문화적 산물을 선망하고 있기는 하지만, 그렇다고 해서 그들이 미국의 대외 정책을 무비판적으로 받아들이거나 그러한 문화적 산물에 (미국의 이익과 반드시 상응하지 않는) 새로운 의미와 목적을 부여할 능력이 없다는 뜻은 아니다.

이러한 개념적 혹은 이론적 오류들은 부시 행정부의 권력에 대한 이해와 현대 세계 구조 및 과정의 현실이 부조화를 빚으면서 더욱 악화되었다. 행정부는 오늘날의 세계를 2차 세계 대전 직후의 세계에 낭만적으로 빗대고 있지만, 두 세계는 철저히 다르다. 영국, 독일, 프랑스 같은 나라들은 이제 더 이상 나라의 존립을 미국에 의존하지 않으며, 공동의 위협을 강하게 의식하지도 않는다. 미국에 대한 경제적 의존은 경제적 상호 의존으로 변화했고, 이제 국제 경제 관계는 제도적 규칙과 과정으로 꽉 짜여졌다. 국제 제도의 밀도는 극적으로 높아졌고, 국제 사회는 세계 사회 속에 매몰되었으며, 규범적 행위는 널리 확산되었다. 이 새로운 세계는 단순한 권력 투사 정책에 순순히 넘어가지 않으며, 정당성과 제도적으로 배태된 권위의 필요성을 무시한 패권 부흥 기획은 미국의 중장기적 이익에 기여하지 못할 것이다. 부시 행정부의 대전략과 그 실천을 비윤리적 관점에서 판단한다 해도, 바로 이 점 때문에 바람직하지 못한 것이다. 4장에서 나는 이를 평가하는 하나의 틀을 제시하고 거기에 임시로 절차적 연대주의라는 이름을 붙였다. 흥미롭게도, 이 틀이 범세계주의적 가치 추구에 규범적 우선 순위를 부여했기 때문에 부시의 전략이 나쁘게 보이는 것은 아니다. 그 실천과 모순되기는 하지만, 행정부가 자유와 해방을 강조하는 수사를 구사한 것 자체는 잘못되었다고 볼 수 없다. 행정부의 대전략과 양립하기 힘든 경험 원칙은 바로 변화

가 제도적으로 통제되어야 한다는 것이다. 이는 그들의 "신일
방주의"와 명백히 충돌한다. 많은 세계인들이 미국의 정책이
부당하고 불법적이라고 판단하는 것은 행정부의 보편주의적
수사와 법을 어기는 일방주의가 결합되었기 때문이다.

　이 마지막 장에서는 위의 주장이 미국 외교와 세계 질서
에 어떤 함의를 갖는지에 대해 시험적으로 탐색한다. 단극 체
제와 일방주의로부터 효과적인 영향력이 발휘된다고 믿는 —
그리고 미국의 군사적 · 경제적 자원을 통제하는 — 미국 행정
부가, 자신의 이슈를 국제 의제로 밀어붙이고 무력이나 뇌물
에 약한 국가에게 자신의 의지를 강요할 능력이 있음은 자명
하다. 그러나 이 장의 앞부분에서 설명했듯이, 미국이 이를 수
행하는 외교적 수단은 주로 강압과 탈퇴로 극히 제한되어 있
다. 3장에서 설명한 매우 복잡한 국제 질서 속에서 이러한 수
단은 잘해야 차선책이고, 최악의 경우는 자멸적이다. 이런 식
으로 이라크에서 정권을 교체할 수는 있지만 사회적 정당성을
확보할 수는 없으며, 그들이 미국의 대외 정책의 운영 방식을
계속해서 고수한다면, 미국의 소프트 파워가 약화되고 다양한
형태의 전 지구적 저항을 초래할 위험성이 있다. 두 가지 모두
미국의 중장기적 이익의 수호에 바람직하지 못한 일이다. 우
선 나는 이라크 전쟁과 관련하여 행정부가 안보리에서 당했던
외교적 패배를 간략히 검토함으로써 이런 아전인수식 외교가
어떤 대가를 치러야 하는지를 보여 줄 것이다. 이 장의 두 번
째이자 마지막 절에서는 행정부가 미국 외교 정책에 대해 이
같은 접근 방식을 고수할 경우 그것이 세계 질서에 함의하는

바를 검토한다. 그럴 경우 잠재적으로 네 가지 결과가 초래될 수 있다. 즉, 국제 관계에서 "제도적으로 균형을 잡는" 빈도가 증가하고, 세계 시민 사회의 많은 행위자들이 각성하고 행동하게 되며, 다른 국가들이 다양한 형태로 전략 지정학적 균형을 맞추는 데 참여하는 경향을 띠게 되고, "3대 무질서"를 해결하는 데 계속해서 실패하게 된다.

미국의 외교

신보수주의 정책 결정권자와 평자들은 단극 체제와 일방주의를 결합함으로써 미국이 고립주의와 국제주의의 족쇄를 전부 벗어던지고 마침내 국가적·세계적 이익을 실현할 수 있다고 본다. 그러나 그들이 일반적으로 권력(특히 미국의 권력)을 보는 시각과 그들이 옹호하는 일방주의적 입장은 그러기는커녕 미국의 외교적 선택지를 스스로 제한하는 굳은 철창을 형성할 뿐이다. 국가가 국제 관계에서 자신의 목적을 증진하기 위해 구사하는 전술을 포함하여 외교를 폭넓게 정의한다면, 여기에는 노골적인 군사적 강압에서부터 세련된 설득에 이르기까지 모든 수단이 포함될 것이다. 이 스펙트럼의 양 극단 사이에는 뇌물, 위협, 협력 제도에서의 탈퇴, 설명과 협상 등 수많은 전술이 존재한다. 영향력을 극대화하려는 국가라면 이 중에서 가능한 한 여러 가지 전술을 익히고 구사하고자 노력하는 것이 상식적이다. 특히 서로 광범위하게 의존하고, 치밀하게 제도화되어 있으며, 규범적 행위 능력이 확산되어 있는 고도로 복잡한 세계 질서 속에서라면 더더욱 그렇다. 이러한 질서 속에서 스펙트럼의 강압적 극단에 근접하는 전술은 유용성이 떨어진다. 상호 의존이 고도화된 환경에서 군사력의 대체 가능성이 줄어든다는 것은 많은 연구를 통해 입증된 바이다. 이처럼 현재 우리는 고도로 복잡한 세계 질서 속에서 살고 있지만, 부시 행정부의 신보수주의자들은 미국의 외교적 수단을 다양화하기는커녕 이를 철저히 제한하였다. 권력을 (주로 물질적인) 소유물로서, 주관적이고 비사회적인 것으로서 파악한다면, 자신이 무적의 권력을 부여받았다고 믿는다면, 일방주의적으로 밀어붙이는 것이 그 권력을 이용하는 최선의 방법이라고 결정한다면, 강압, 뇌물, 탈퇴의 전술을 선호하는 대신 설명, 협상, 설득 등 보다 사회적이고 의사소통을 중시하는 형태의 외교는 무시하게 될 것이다.

따라서 행정부가 국제 사회에 임하는 수단 중에서 강압과 탈퇴가 특히 두드러지는 것도 놀라운 일은 아니다. 목적을 이루기 위해 서슴없이 무력을 동원하거나 위협하는 행태는 "악의 축" 국가에 대한 군사 행동에서 가장 두드러졌으며, 테러리즘과 불량 국가와의 전쟁 중에 나온 "우리 편 아니면 적"이라는 말에서도 분명히 드러났다. 이는 자신과 의견을 달리하는 이들을 적과 똑같은 범주 안에 효과적으로 몰아넣는 단언이다. 2장에서 본 것처럼, 국제 협력 제도에서 탈퇴하겠다는 위협이나 실제 탈퇴 행위는 행정부가 선호하는 제도 정치 양식

이 되었다. 상대편의 의지를 꺾고자 할 때는 떠나겠다고 위협
하고, 상대편이 굴복하지 않거나 레짐의 성격을 충분히 깨닫
고 나면 협력의 틀을 깨고 나왔다. 이 가운데 미국 정치 문화
의 뿌리 깊은 경향이 전면에 드러난다. 앨버트 허시맨Albert
Hirschman의 유명한 주장처럼, "'역사를 통틀어 우리나라는'
지저분하고 피곤한 논쟁 가운데 발언권이 묻히기보다는 깨끗
이 탈퇴하는 편을 일관되게 선호하였다."[7]

　　이라크 전쟁과 관련하여 유엔 안보리에서 미국의 역사적
패배는 부시 행정부의 외교적 운영 방식은 물론 그 한계까지
고스란히 드러낸다. 미국이 무력 사용을 허가하는 새 결의안
에 꼭 필요한 아홉 표를 얻는 데 실패한 것이 분명해졌을 때
미국의 주요 신문들이 보인 반응을 보면 그 패배의 중요성은
명백했다. 스티븐 와이즈먼Steven Weisman은 『뉴욕타임즈』에
"이제 관계자들은 잇따른 오산과 이해 부족으로 인해 미국의
외교와 세계적 입지에 차질이 발생했음을 인정하고 있다"[8]라
고 썼다. 주된 차질이 발생했음은 의심의 여지가 없지만, 궁극
적으로 이런 손실이 난 까닭은 단순히 오산과 이해 부족보다
는 워싱턴의 외교 전략 때문이었다. 1장에서 지적했듯이, 사
담 후세인을 권좌에서 제거하는 것은 '새로운 미국의 세기를
위한 기획'이 내세운 주된 이슈 중 하나였다. 1998년 폴 울포
위츠는 미 하원의 국가안보위원회에서, 클린턴 행정부는 "이
라크인들을 사담의 폭정에서 해방하고 그 이웃나라들을 사담
의 잔학한 위협에서 구해 내기 위한 진지한 정책을 추구할 의
지가 없다"[9]라고 말했다. 도널드 럼스펠드는 취임하자마자 이

라크에 대한 군사적 옵션을 전개하기 시작했고, 이제 우리는
9.11 공격 직후에 럼스펠드와 울포위츠가 대통령과 국가안전
보장회의에 "알카에다만 노리지 말고 이라크를 공격해야 한
다"[10]고 설득했음을 알고 있다. 결국 부시는 이라크 공격을 아
프가니스탄 전쟁이 완료된 뒤로 연기했지만, 안전보장회의의
그 누구도 가까운 미래에 사담을 제거해야 할 필요성을 의심
하지 않았다.

　행정부 내에서 다수 의견이 우세했다면, 미국은 이라크에
대한 군사 행동을 지지하는 새 결의안을 얻기 위해 안보리로
돌아오지는 않았을 것이다. 그러나 2002년 9월 초쯤이 되자
의회에서 초당적 지지를 끌어 모으고 다른 강대국들의 국제적
지지를 얻기 위해서는 유엔 외교를 부활할 필요가 있다는 것
이 분명해졌다. 행정부의 다음 전략은 강압과 탈퇴 외교의 사
례를 단적으로 보여 준다. 안보리의 구성원들은, 사담을 무장
해제시키고 (간접적으로) 축출하기 위한 무력 사용을 승인하
든지 아니면 국제 연맹의 전례를 따라 역사의 쓰레기통으로
들어가라는 최후통첩을 받았다. 유엔 총회에서 부시는, "전 세
계는 시험에 직면해 있으며, 유엔은 힘들고 결정적인 순간에
놓여 있다. 안보리 결의안이 이행되고 집행될 것인가, 아니면
아무런 결실 없이 버려질 것인가? 유엔은 그 설립 목적에 부응
할 것인가, 아니면 시대의 요구에 뒤처질 것인가?"[11] 미국은 이
최후통첩을 강압적 탈퇴 위협으로 뒷받침하였다. 안보리가 군
사 행동을 승인하지 않는다면, 미국은 홀로 또는 '의지의 동
맹'과 더불어 행동에 돌입할 것이다. 부시의 말을 빌리면, "우

리는 유엔 안보리와 더불어 필요한 결의안을 도출할 것이다. 그러나 미국의 목적을 의심해서는 안 된다. 안보리 결의안은 집행될 것이다… 그렇지 않다면 조치를 취할 수밖에 없다."[12]

일단 행정부가 안보리 절차 속으로 다시 들어가자, 그들의 권력 관념과 행위는 좋게 보아도 제 기능을 다하지 못했다. 안보리의 제도적 규칙과 과정은 정치의 성격을 바꾸어 놓았다. 이 규칙에 따라서 안보리의 다른 14개국은 투표권을, 4개국은 거부권을 지닌다. 이러한 세계에서 상대편을 순응시키기 위해 무력을 사용하거나 위협을 가하는 일은 불법이다. 물론 그런 일이 여전히 일어나기도 하지만 공공연히 말하거나 드러낼 수는 없으며, 그나마 거부권을 가진 주요 국가들에게는 거의 먹히지 않는다. 이렇게 제도적으로 구조화된 세계에서는 설명과 협상과 설득의 외교가 유용하다. 하지만 이는 행정부의 강압과 탈퇴 외교와 정확히 반대되는 것이다.

부시의 유엔 연설 직후, 프랑스와 독일을 비롯한 여러 나라에서 지지 의사를 표현해 왔다. 그리고 일주일 이내에 이라크는 유엔 무기 사찰단의 복귀를 "조건 없이" 자진해서 허락했다. 하지만 곧 그 진행 방식을 놓고 안보리 회원국들의 입장은 둘로 갈라졌다. 행정부는 이라크의 결정에 당황했다. 무기 사찰을 해 보았자 사담이 국제 공동체를 상대로 숨바꼭질 놀이를 계속하도록 도와줄 뿐이라는 것이 행정부의 오래된 견해였기 때문이다. 한편, 다른 나라들(특히 프랑스)은 새롭게 제재를 취하여 이라크를 전쟁 없이 무장 해제하고 봉쇄할 수 있는 가능성에 주목했다.[13] 이러한 차이의 배후에는 국익의 충돌도 있었지만, 국제 평화와 안보의 관리에 관한 뿌리 깊은 의견 불일치가 놓여 있었다. 이미 보았듯이, 행정부는 미국의 권력을 확고히 행사해야만 국가 안보와 세계 질서를 보장할 수 있다고 믿었다. 한편, 유럽 국가들은 부시 독트린에 대해 깊은 의혹을 품었으며, 이미 제도를 통해 지역 평화를 유지한 경험이 있었기에 국제적 규칙과 과정을 지지하는 편을 택했다.

이러한 차이 때문에 안보리에서는 두 달 동안이나 격렬한 "협상"이 벌어졌고, 결국 2002년 11월 8일에 결의안 1441호가 도출되었다. 이것은 15개 회원국들의 지지를 바탕으로 이라크에 대한 안보리의 새로운 최후통첩을 보증하는 것이었기에, 행정부는 승리를 자신할 수 있었다. 그러나 결의안 1441호는 어느 정도 프랑스 외교의 승리였다. 프랑스는 미국에게 무력 사용권을 부여하는 결의안에 격렬히 반대하였고, 대신에 이라크의 확실한 무장 해제를 요구하고 사찰 체제를 새롭게 부활하여 재확립하는 내용의 최초 결의안을 주장했다. 이라크가 이를 따르지 않는다면, 안보리는 두 번째 결의안을 통과시키기 위해 다시 모여야 했다. 결의안 1441호의 핵심 내용은 다음과 같았다. 즉, 이라크에게 "무장 해제 요구에 따를 마지막 기회"를 주었고, 사찰단에게 "방해 없고, 조건 없고, 제한 없는 접근" 권리를 부여하였으며, 이라크 측이 이를 이행하지 않을 시에는 안보리를 "즉시 소집"해야 한다고 규정했고, 그럴 경우 이라크는 "심각한 결과에 직면"하게 될 것이라고 경고하였다.[14]

부시 행정부는 안보리가 양보 없이 무력 사용을 승인해야

한다고 주장했지만, 결의안 1441호는 무력 사용을 승인하는
데 두 가지 장애물을 설치해 놓았다. 즉, 사찰단을 이라크에
돌려보내고, 그 이상의 안보리 조치는 이라크의 순응 여부에
대한 사찰단의 의견에 준하여 취하도록 하였다. 그리고 무력
사용을 허가하기 위해서는 두 번째 결의안이 필요하다는 견해
를 취하였다. 행정부는 즉시 이 두 가지 제한 조건에 격렬히
반대하였다. 사찰단이 이라크로 되돌아가자마자 행정부는 이
라크가 "중대한 불이행"을 범하였다고 우기기 시작했으며, 전
쟁을 재가하기 위해 또 다른 결의안이 필요하다는 견해를 완
강히 부인했다. 그리고 결의안 678, 687, 1441호에는 모두 전쟁
을 재가한다는 내용이 포함되어 있다고 주장했다. 그러나 안
보리 회원국 다수의 견해는 이와 달랐다. 그들은 사찰단에게
철저한 조사와 평가를 완료할 시간을 주어야 한다고 보았으
며, 또 다른 결의안이 없는 한 전쟁은 불법이라고 생각했다.
여기에 더하여, 미국의 주요 동맹국인 영국의 수상 토니 블레
어는 의회의 저항은 물론 전례가 없는 수준의 전쟁 반대 여론
에 직면하였다.

2003년 1월까지 미국·영국과 프랑스·독일·러시아·
기타 국가들 사이의 분열은 점점 날카로워졌다. 대규모 침공
병력이 이미 배치되기 시작했으며, 미국은 늦어도 3월까지는
유엔의 지원 또는 지원 없이 전쟁을 개시할 결심을 분명히 했
다. 결국 행정부는 2차 결의안에 대한 지원을 구하는 데 동의
했고, 2월 말에 미국과 영국은 초안을 상정했다. 하지만 이것
이, 워싱턴이 전쟁 시간표를 양보하거나 변경할 준비를 했다

는 신호는 아니었다. 2차 결의안 초안은 단순히 결의안 1441호를 승인하고, 이라크가 중대한 불이행을 범하였다고 선언하는 내용이었다. 사찰단이 임무를 완료할 수 있도록 다른 회원국들의 이해관계와 타협하려는 시도는 없었다. 당시에 세계 곳곳에서 1천만 명이 넘는 사람들이 전쟁 반대 시위에 참여했으며, 프랑스와 러시아는 사찰 완료 이전에 전쟁을 허가하는 내용의 새 결의안에 거부권을 행사할 뜻을 밝혔다. 행정부는 타협하는 대신에, 설령 프랑스나 러시아가 결국 거부권을 행사할지라도, 일단 (블레어의 말을 빌리면) "도덕적 다수" — 아홉 표의 과반수 — 를 확보하기 위해 미친 듯이 로비에 돌입하였다. 동시에 탈퇴 위협을 계속했는데, 보도에 따르면 특히 안보리에서 상대적으로 약한 비상임 이사국들에게 심한 압력을 가했다고 한다. 미국은 승리가 확실하거나, 상임 이사국 한 개국이 거부권을 행사하더라도 도덕적 다수를 확보할 수 있다고 확신하는 경우에만 결의안 초안을 표결에 붙일 의향이 있었다. 3월 초에 부시는 결의안을 표결에 붙일 것을 주장했고, 안보리 회원국들은 자신의 카드를 내보여야 했다. 그러나 결국 행정부의 강압과 탈퇴 외교는 안보리의 지지를 얻는 데 실패했으며, 결의안을 표결에 붙이더라도 도덕적 다수를 확보할 수 없음이 분명해졌다. 3월 17일 미국은 결의안을 철회하고 전쟁에 돌입하였다.

이상의 이야기에 대해 세 가지로 언급할 수 있다. 첫째, 행정부가 안보리 과정에 들어간 것은 의회 및 국제 사회의 지지를 얻기 위해 유엔의 승인이 필요했기 때문이었다. 이 점은 콜

188 미국의 권력과 세계 질서

린 파월 국무장관과 미국의 가장 가까운 동맹인 토니 블레어
가 부시에게 주지한 것이다. 따라서 유엔의 제도적 과정을 밟
는 것은 행정부 계획의 정당성을 시험하는 일이었다. 둘째, 일
단 안보리 과정에 들어가자 행정부는 안보리의 승인을 얻는
데 전혀 맞지 않는 외교적 입장을 채택했다. 강압과 탈퇴는 완
전히 반생산적인 전략이었다. 비상임 회원국들은 괴롭힘을 당
한 데다 자신들의 관심사가 다루어지지 않은 데 분개하였고,
프랑스 · 독일 · 러시아는 미국을 저지하는 일이 사담을 무장
해제시키는 일만큼 중요하다고 여기기 시작했다. 만약 사찰단
이 일을 끝낼 때까지 전쟁 개시를 연기할 의향을 보인다면 무
력 사용을 허가하는 결의안을 얻어낼 수 있을 것이라는 증거
가 있는데도, 행정부는 타협이나 협상에는 일말의 관심도 보
이지 않았다. 마지막으로, 행정부가 안보리의 전쟁 승인을 얻
는 데 실패하자, 세계 사회의 다수는 즉시 그에 뒤따른 전쟁을
불법적이고 부당한 것으로 판단하게 되었다. 정당성과 평판의
변화를 계량화하기는 힘들지만, 이 같은 외교적 재난이 (미국
의 정책 결정권자들이 그토록 소중히 여기는) 소프트 파워에 파
괴적 영향을 끼치지 않았다고 하려면 대단한 낙관주의자가 되
어야 할 것이다.

혹자는 미국이 안보리 승인을 얻는 데 실패한 것이 궁극
적으로는 대수로운 일이 아니라고 주장할 수도 있다 — 부시
행정부는 사담의 축출을 원했고, 필요하다면 단독으로 행동할
의지도 있었으며, 국제 공동체가 말과 행동이 일치하지 않자
미국의 군사력이 배치되어 파괴적인 결과를 가져왔다는 것이

다. 그러나 이 주장이 간과하고 있는 것은, 안보리가 전쟁을
정당화해 주기를 거부했기 때문에, 그 실패의 대가로 행정부
가 지불해야 하는 비용이 대단히 늘어났다는 사실이다. 안보
리가 무력 사용을 재가했다면, 미국 정부는 설사 그 핵심 목적
을 달성하지 못했더라도 집단적으로 내린 결정임을 주장하면
서, 달성할 목표와 성공 가능성에 대한 공동의 평가를 근거로
그 비용을 사회화할 수 있었을 것이다. 반면 안보리의 승인이
없다면, 행정부는 그 실패의 모든 비용을 혼자 부담해야 되기
때문에, 반드시 완벽한 성공을 거두어야 한다. 이러한 위험은
개전 둘째 주에 명백하게 드러났다. 이라크의 저항이 예상보
다 강력하자 행정부는 끊임없이 비난(심지어 비웃음)의 대상
이 되었던 것이다. 결국 군사적 승리를 거두면서 비난에서 잠
시 놓여났지만, 그 이후에도 행정부는 잇따라 신뢰성에 대한
시험에 직면하게 되었다. 전쟁 이전의 수사에 부응하기 위해
서는, 이라크인들이 길거리에서 춤추고, 사담의 생화학·핵무
기 병기고가 발견되며, 이라크에 평화와 안정이 정착되고, 민
주적 제도와 과정이 신속히 건설되고, 테러 사건이 감소하고,
이 전쟁 덕분에 중동에 확연한 평화가 자리 잡아야 할 필요가
있었다. 전쟁 이전부터 평자들은 미국이 과연 이러한 이익을
가져다줄 능력이 있는지 의문을 품었으며, (미국이 유엔과 국
제법의 틀 바깥에서 행동했기 때문에) 만약 이러한 이익이 발생
하지 않는다면 행정부는 (물질적 비용은 물론이고) 높은 평판
비용을 감수해야 할 것이라고 예측하였다.

세계 질서

미국 정도의 물질적 우위에 있는 국가가 패권 부흥을 위한 현상 재편 기획에 착수한다면, 세계 질서는 영향을 받지 않을 도리가 없다. 특히 현상 재편 전략이 기존의 국제 거버넌스 제도를 부주의하게 손상시킨다든지 고의로 파괴하려는 데까지 나아간다면 더더욱 그렇다. 일부 평자들은 이 때문에 유엔이 사라지거나 마비되고, 그와 더불어 국제 협력도 약화되리라고 예견하였다. 나의 견해에 따르면, 그 충격은 복잡하고 변화무쌍할 것이며, 행정부의 좌충우돌 정치만이 아니라 다른 국가나 비국가 행위자들의 행위 능력과 이익에 따라서도 좌우될 것이다. 초강대국의 현상 재편이 고도로 제도화된 세계 질서에 어떤 충격을 미칠지에 대한 상세한 연구는 다른 책에서 다루어야 할 주제이지만, 여기서 나는 부시 행정부의 대전략이 초래할 수 있는 몇 가지 결과를 간략히 스케치해 보고자 한다.

예상되는 첫 번째 결과는 국제 관계에서 제도적 균형이 이루어지는 빈도가 증가하리라는 것이다. 아마도 행정부는 타 강대국들이 앞으로 수십 년간 군사적으로나 경제적으로 미국과 균형을 이룰 능력을 지니지 못하도록 억제할 것이다. 그러나 그렇다고 해서 이 국가들이 미국을 몰아넣고 길들이며, 개인·집단의 자율적인 영역을 개척할 수단을 찾지 못한다는 것은 아니다. 그중에서도 가장 가능성이 높은 것은 제도적 수단이다. 상호 의존이 고도화된 상황에서는 협력과 협조의 문제가 자주 발생하며, 국가들이 이러한 문제를 다루기 위해 발전시키는 가장 효과적인 수단이 바로 제도이기 때문이다. 비록 부시 행정부가 국제 제도를 끊임없이 주변화하거나 파괴하려고 해도, 다른 나라들은 규범적으로나 실용적으로 제도적 거버넌스에 강하게 구속되어 있다. 또 제도는 규칙으로 통제되는 역할과 과정 속에 정치를 내재화시키는 수평자의 역할도 한다.

따라서 국가들은 최소한 세 가지 방식으로 제도적 거버넌스의 구조를 방어하고 확장하려고 할 것이다. 첫째, 국가들은 기존의 제도 안에서 전반적인 논쟁의 수준을 높임으로써 제도를 전복하는 미국의 행위에 저항할 것이다. 둘째, "제도 간 도약" 전략에 의존하는 비율이 갈수록 높아질 것이다. 이는 미국 정부와의 제도적 갈등을 한 레짐에서 다른 레짐으로 확장시키는 것을 말한다. 프랑스와 독일이 이라크에 대한 안보리 논쟁 중에 한 일이 바로 이것이다. 논쟁이 심화되자 그들은 이 이슈를 나토 회의로 끌고 들어가, 터키가 자국 내 미군 주둔을 허용한다면 동맹 방어를 거부하겠다고 위협하여 미국의 전쟁 계획을 좌절시키고자 했다. 마지막으로, 미국을 제외한 제도 건설에 참여하는 비중이 높아질 것이다. 국가들이 특정한 이슈 영역에서 협력을 촉진하고자 하는 데 미국의 비타협적 태도나 반대에 부딪힌다면, 미국의 참여 없이 그들이 원하는 제도를 만들어 내는 것도 가능한 하나의 대안이다. 그러한 행동을 하는 데 너무 많은 비용을 치러야 할 것처럼 보일지도 모르지만, 벌써 여러 나라들이 이 길을 택하고 있다. 국제형사재판소나

교토 의정서가 그 좋은 예이다. 미국 정부가 1988년에 수립된 바젤 자기 자본 규제 협약에 참여를 주저한다 해도 유럽 국가들은 독자적인 길을 갈 것이며, 이는 유럽에서 영업 중인 미국계 은행에 잠재적으로 상당한 타격이 될 것이다.

두 번째 결과로, 다양한 비국가 행위자들의 각성과 행동이 증대할 것으로 보인다. 국제 관계 내의 권력을 보는 부시 행정부의 시각은 비국가 행위자들의 정치를 인정하지도 수용하지도 않지만, 이러한 정책은 오히려 그러한 집단을 도발하고 격화시킬 뿐이다. 미국의 일방주의는 전통적 동맹국들 사이에서도 국가 간 긴장을 높일 것이며, 나아가 국제 사회가 세계 사회 속에 깊숙이 내재화되어 있으므로 시민 사회 행위자들이 불만을 품게 되리라 예상할 수 있다. 그러나 이러한 각성이 한 가지 형태나 양식을 취하지는 않을 것이다. 우선 가장 보편적인 차원에서 보면, 세계 주요 민주 정체의 시민들 사이에는 이미 우려가 퍼져 있다. 1천만 명이나 되는 사람들이 이라크 전쟁에 반대하기 위해 거리로 나선 이유를 설명하려면 그렇게 가정하는 수밖에 없다. 미국의 일방주의적 전쟁에 대한 전망이 9.11 이후 미국의 대외 정책 방향에 대한 우려의 피뢰침 역할을 한 것이다. 또 다른 차원에서 보면, 미국의 일방주의는 경제적 세계화에 대한 반대 움직임을 강화할 가능성이 높다. 미국 정부가 공격적으로 수행하고 있는 전 지구적 경제 의제에는 일방주의가 나타나 있지 않을지 몰라도, 가면을 벗은 미국의 이익은 (겉보기건 진짜건 간에) 다자주의에 가려져 있을 때에 비해 반대 움직임을 확실히 더 크게 자극할 것이다. 마지막으로, 부시 행정부의 군사적 일방주의가 불만에 찬 극단주의자들의 반체제적 폭력을 초래하지 않으리라고 보기는 어렵다. 수사는 그와 딴판이지만, 행정부는 실패했거나 무반응한 정치 구조의 세계적 모자이크 위에, 그리고 만성적인 부의 불균등 분배 위에 지배 구조를 강화하여 억누르고 있을 뿐일 수도 있다. 영국과 북아일랜드, 스페인과 바스크 지방, 인도와 카슈미르의 예처럼 폭력적 반체제 운동을 무력으로 찍어 누르려다 실패한 국가의 사례를 보면, 그런 지배 구조를 전 세계에 적용해서 미국이나 세계가 안전해질 가망은 요원해 보인다. 게다가, 지배의 강화는 (리야드와 모로코에서 발생한 테러 공격을 통해 예고되었듯이) 폭력적 저항을 강화시킬 수 있다.

제도적 균형을 자극하고 세계 시민 사회에서 우려와 저항을 증대시키는 외에도, 현실주의자들은 부시 독트린이 전략 지정학적 균형을 자극할 가능성을 억제하려고 한다. 190페이지에서 지적했듯이, 앞으로 십 년 이상 혹은 그 이내에 미국의 군사력에 심각하게 도전할 국가가 출현할 것이라는 전망은 극히 미미하다. 그럼에도 불구하고 미국과 균형을 이루려는 행동이 세 가지 유형으로 나타나리라고 예상할 수 있다. 첫째, "자율을 향한 균형balancing for autonomy"이다. 이는 지역 안보의 미국 의존을 줄이기 위해, 여러 국가가 지역 차원에서 연합하여 집단적 군사 능력을 증대하고 발전시키려는 움직임이다. 현재 단기간 내에 그 정도의 능력에 도달할 수 있는 집단은 유럽 연합(EU)뿐이지만, 부시 행정부의 군사적 일방주의가 지속될 경우 EU는 현재의 무력 배치 계획을 한층 더 가속화할 것이다. 둘째, "문턱 균형threshold balancing"을 이루기 위해 대단히 위험한 수단에 집착하는 국가의 수가 늘어날 가능성이 높다. 행정부의 입장이 일부 국가들에게 정권의 안전을 보장하는 유일한 길은 초보적 핵 능력을 갖는 것뿐이라는 메시지를 주었음은 의심의 여지가 없다. 대량 살상 무기를 지닌 불량 국가에 대한 — 그나마 의문의 여지가 있는 정보에 근거한 — 미국 정부의 반대 캠페인은, 아이러니하게도 일부 정권들이 살금살금 핵의 문턱을 넘도록 자극하는 역할을 했다. 게다가 행정부는 핵 확산 금지 조약에 따른 스스로의 무장 해제 의무를 노골적으로 무시했으며, 탄도 미사일 방어 조약 등 핵심적인 무기 통제 제도에서 탈퇴했는데, 이는 핵 확산 금지 체제의 신뢰성을 떨어뜨리고 전 지구적 무기 통제 협정에 금이 갔다는 인상을 줌으로써 오히려 문제를 가중시켰다. 마지막으로, 행정부의 군사적 일방주의가 온건한 패권 국가로서 미국의 이미지를 손상시킴에 따라, 다른 나라들은 미국의 군사력을 잠재적 위협으로 여기기 시작할 것이다. 당장 중국 같은 나라가 극적이거나 도발적인 방식으로 반응할 가능성은 적지만, 부시 독트린의 위험은 이러한 나라들이 미국에 군사적으로 (대적하지는 못하더라도) 대응할 능력을 키우기 위한 새로운 장기 계획을 도모하도록 자극할 수 있다는 것이다.

　마지막으로, 지금까지 열거한 결과들 때문에 국제 공동체는 3대 무질서를 진지하게 혹은 효과적으로 다루기가 더욱 힘들어질 것이다. ① 폭력의 토착화를 줄이고, ② 부의 만성적인 불균형 분배를 완화하며, ③ 지구 환경을 보호하는 일은 모두 집단적 행동을 요하는 중대한 문제들이다. 이들은 그 본질 및 효과상 전 지구적이며, 일방주의적인 방식으로 다룰 수가 없다. 폭력의 토착화를 줄이려면 국내 · 국제적으로 법적 개혁과 변화를 허용하는 새로운 제도적 메커니즘이 요구된다. 또 국가 · 지역 · 전 지구적 테러리즘을 효율적으로 억제할 수 있는 다자간 치안 및 정보 네트워크도 요구된다. 그리고 민주적 제도의 발전을 촉진하는 힘든 작업도 필요하다. 부의 만성적 불균형 분배를 완화하기 위해서는 단순히 세계 시장을 개방하는 것만으로는 부족하며, 전 세계 교역 조건의 대대적인 개혁이 이루어져야 한다. 또 해외 원조를 크게 늘려 적재적소에 배치해야 한다. 부시 행정부는 미국 원조 액수를 두 배로 늘렸지만, 그 일방주의적 대외 정책 방향이 앞서 열거한 결과를 초래하기 때문에, 전 지구적 빈곤에 대처할 다자간 협력에 필요한 세계 질서의 조건을 훼손하고 있다. 지구 환경 위기를 막기 위해서는 단순히 여러 환경 문제에 대한 전 지구적 협력만으로 되는 것이 아니라, 내전과 만성적 빈곤이 현저히 감소해야 한다. 부시 독트린이 계속해서 앞서 지적한 방식으로 세계 질서에 영향을 미친다면, 이러한 목적을 달성하기 위해 제거해야 할 장애물의 수와 규모는 더욱 늘어날 것이다.

로마와 아테네의 유령

조지 부시는 유엔 총회에서 이라크에 대한 군사 행동의 필요성에 대해 연설하면서, "정당성을 잃은 정권은 그 권력을 잃을 것이다"[15]라고 말한 바 있다. 이라크 정권은 안보리의 결의안을 계속해서 위반했으며, 따라서 주권의 보호를 받을 권리를 상실했다는 것이다. 이 말이 함의하는 바는 정당성이 국제 규칙과 국제 제도의 권위를 준수하느냐와 결부되어 있으며, 그 권력은 제도의 통제 하에 놓인 정당성에 의존한다는 것이다. 그렇다면 부시 행정부는 이라크 권력에 있어 국제적 정당성이 중요하다는 것은 이해하고 있었으면서, 그것이 미국의 권력에 있어서도 중요하다는 사실은 왜 이해하지 못했느냐를 질문할 수 있다. 국제 공동체가 미국의 주권에 도전할 가능성은 거의 없지만, 미국이 국제 규범과 제도적 과정을 무시함으로써 다른 나라들이 그 부당성을 인지하게 되면, 미국의 권력과 정치적 영향력은 미묘하지만 중대한 손상을 입을 수 있다. 강압과 탈퇴의 정치는 그러한 부당성을 조장하며, 그 첫 번째 결과는 바로 외교의 실패이다. 좌충우돌식 접근을 취한다면 문제를 악화시키고 국가적·세계적 목적을 실현하는 미국의 능력을 훼손할 뿐이다. 이는 또한 전 지구적 거버넌스에도 불리하게 작용한다. 미국의 권력을 사회적으로 세련되게 행사한다면 현대 세계 질서에 도전하는 문제들을 다루는 데 중요한 기여를 할 수 있지만, 미국의 힘을 자기도취적으로 휘두른다면 이러한 문제들은 더욱 까다로워질 뿐이다.

　여기서 로마 제국의 쇠퇴와 아테네의 몰락을 상기할 필요가 있다. 우리는 미국이 로마 시대 이래로 가장 강대한 국가라는 말을 끊임없이 듣고 있다. 이는 미국이 지닌 권력의 크기에 대해 깊은 인상을 남기기 위한 표현으로서, 그 유일한 역사적 비교 대상은 바로 우리 대부분이 할리우드 대작 영화를 통해서만 알고 있는 로마 제국의 이미지이다. 그러나 이 비교는 그 정치적 쇠퇴의 원인을 주목했을 때에 보다 명료해진다. 위대한 로마사가인 에드워드 기번Edward Gibbon에 따르면, 로마 제국의 쇠퇴의 씨앗을 뿌린 것은 물질적 권력의 지나친 오만이었다. 그는 "작은 도시가 하나의 제국으로 팽창한 것은 비범하고 경이로운 일로서 철학자의 숙고 대상이 될 가치가 있다. 그러나 로마의 몰락은 그 **무절제한 팽창**이 초래한 당연하고도 필연적인 결과였다"[16]라고 썼다. 펠로폰네소스 전쟁사를 쓴 투키디데스 역시 아테네의 몰락에 대해 비슷한 메시지를 전하였다. 개전 전날 페리클레스는 아테네인들에게 단순히 전쟁만을 수행할 것이며, "전쟁 중에 제국을 확장하려 하지 말고, 정해진 길을 벗어나 새로운 위험에 빠져들지 말 것을"[17] 경고한다. 전쟁이 진행되면서 아테네인들은 페리클레스의 경고를 잊고 그들이 지닌 권력의 도덕적 기반을 망각해 버린다. 스스로의 힘에 도취된 그들은 결국 야심을 품고 시칠리아를 침공한다. 그들은 "철저히 그리고 완전히 패배했다. 그들은… 모든 것을 잃었다. 육군, 해군, 모든 것이 파괴되었고, 많은 이들 중에서 소수만이 살아 돌아왔다."[18] 부시 행정부가 1945년 직후의 세계를 낭만적으로 포장한 예에서도 알 수 있듯이, 역사적 비교 대상은 언제나 조심스럽게 다루어야 한다. 그러나 기번과 투키디데스는 지나친 오만의 위험성에 대해 우리의 주의를 환기시킨다. 그리고 우리는 현재 미국 정부를 지배하는 '우위의 이상주의'가 로마의 "무절제한 팽창"처럼 해로운 영향을 끼칠 것인지 여부를 질문해 볼 수 있을 것이다.

옮긴이의 글

이 책의 테마는 2000년대 중반 현재 부시 행정부가 인식하는 미국의 권력의 성격과 그것이 세계 정치에 띠는 의미이다. 별로 두껍지 않은 책이니만큼 다루는 주제의 범위와 한계를 명확하게 선 긋고 있으며, 용의주도한 구성과 꽉 짜인 논리 전개 등 좋은 학술서의 미덕을 두루 갖추고 있다.

이 책의 내용에 대해서는 저자 자신이 서론과 각 장에서 반복하여 요약 설명하고 있다. 저자가 서문에서 밝힌 바에 따르면, 그는 미국이 역사상 그 어느 나라보다도 큰 물질적 우위를 점하고 있는데도 미국 정부가 그 물질적 이점을 가지고 안정된 정치적 영향력과 의도한 정치적 결과를 도출하는 데 거의 모든 사안에서 애를 먹고 있다는 사실에 깊은 인상을 받았고, 이 모순을 이해해 보기 위해 이 책을 썼다고 한다. 이 책의 중심 논제는 부시 행정부의 권력에 대한 관념이 자폐적이며, 이는 (과거와는 크게 달라진) 현대 세계 정치의 복잡성과 근본적으로 충돌한다는 것이다. 이 책의 1장은 냉전 종식 이후부터 부시 행정부 내에서 신보수주의의 사상이 부상하기까지의 과정을 다룬다. 2장에서는 부시 행정부의 대전략의 기반을 이루는 권력 개념을 추출하고 난 뒤, 제도와 정당성을 중시하는 대안적, 사회적 권력 개념을 나름대로 제시하였다. 그리고 3장에서는 현대 세계를 2차 세계대전 직후 시기에 가져다 붙이는 부시 행정부의 수사적 논리를 비판한 다음, 현대 세계가 어떤 면에서 복잡해졌는지를 몇 가지로 정리하였다. 그리고 4장에서는 패권 국가의 권력 행사를 윤리적으로 옹호할 수 있는 조건에 대해 규범적으로 고찰한 다음, 이를 기준으로 부시의 대외 정책의 윤리를 비평하였다. 마지막으로 미국의 일방주의가 계속될 경우 그것이 미국 이익의 추구와 지구 질서에 어떤 함의를 띨지를 고찰하면서 끝을 맺고 있다.

이 책을 쓴 크리스천 류스-스미트는 국제 정치학계에서 구성주의적 입장을 취하고 있는 대표적인 학자 중 한 명이다. 구성주의는 국제 관계 이론의 양대 주류인 신현실주의와 신자유주의를 비판하면서 비교적 최근인 1980년대에 새로 등장한 이론이다. 신현실주의와 신자유주의는 지리, 기술, 권력의 배분과 같은 물질적인 요소가 구조를 결정한다고 보는 유물론적 입장인 데 비해, 구성주의는 이념, 지식, 규범과 같은 관념적 힘에 주목할 것을 주장한다. 또 앞의 두 이론이 국가는 고유하며 국가 이익 또한 고정되어 있다고 보는 데 비해, 구성주의에서는 (국가 및 비국가) 행위자의 정체성과 이익은 주어진 것이 아니라 '구성되는' — 즉, 전 지구적-역사적 힘에 의해 창출,

형성, 변화되는 — 것이라고 본다. 다시 말해서 앞의 두 이론
이 개체를 구조보다 우선한다고 본다면, 구성주의는 개체가
구조를 재생산하거나 변화시키는 동시에 구조(이 자리에 사회
혹은 이념이라는 말을 넣을 수도 있다)가 개체의 정체성, 이익,
능력을 구성하는 점을 함께 파악하려는 것이다. 이런 시각을
따르면, 인권, 주권 등 현재 사회적 사실로 인정되는 것들이
원래부터 주어진 것이 아니라 역사를 가지며 인간의 행동으로
구성된 것이므로 다르게 변화시킬 수도 있다는 결론이 나온
다. 따라서 구성주의자들은 지금과는 다른 대안적 세계를 추
구하며 미래에 대해서도 대체로 낙관적이다.[1)]

　　이 책은 국제 관계 연구에서 9.11 이후의 미국의 대외 정
책에 대해 비판적 시각으로 분석한 대표적인 저서이기도 하
다. 이 책의 핵심부는 부시 행정부의 권력 개념을 비판하고 대
안적인 권력 개념을 제시하고 있는 2장이라고 볼 수 있는데,
특히 여기서 대안으로 내세우고 있는, 권력에 대한 사회적 개
념에는 저자의 구성주의적 시각이 잘 드러나 있다. 그는 물질
적, 주관적, 비사회적인 권력 개념과 관념적, 상호 주관적, 사
회적인 권력 개념을 비교한 다음 후자의 추상형에 자신의 대

1) 저자 자신은 구성주의를 다음과 같이 요약하여 설명하고 있다. "구성주의는 신
　현실주의와 신자유주의의 합리주의적 가정을 거부하고, 세계 정치를 사회학적
　시각으로 본다. 또 물질적 구조뿐만 아니라 규범적 구조의 중요성에 주목하고,
　정체성이 이익과 행위를 구성하는 데 역할을 하며, 행위자와 구조가 상호 구성
　된다는 사실을 강조한다. Price and C. Reus-Smit, "Dangerous Liaisons?
　Critical International Theory and Constructivism," *European Journal of Inter-*
　national Relations, 1998, vol. 4, no. 3, p. 259.

안적인 권력 개념을 적용한다. 권력이 사회적이라는 말은, "권력은 물질적 능력의 분배에 의해서만이 아니라 보다 근본적으로 사회 제도에 의해 구성된다"는 말이다. 다시 말해 "사회·정치적 권력은 단순히 한 명 이상의 행위자가 존재한다고 해서 생겨나는 것이 아니라, 사회의 규정적 관습과 제도의 산물이다." 저자는 "미국의 권력은 국제 사회를 구성하는 힘과 과정과 제도로부터 독립적으로 존재"한다는 신보수주의자들의 시각을 비판하면서 "국가의 정체성과 이익과 권력은 사회적 규칙과 규범에 의해 구성된다"는 입장을 지지한다. 따라서 결론은 권력을 안정시키려면 그것을 제도화하는 과정이 필수적이며 — 다시 말해 권력을 사회적으로 내재화시켜야 하며 — 그렇게 하지 않을 경우 권력 자체가 잠식될 수 있다는 것이다. 그리고 이는 미국의 권력에 대해서도 예외가 아니라는 것이다.

이 책에서 전개된 주장에 대해 가장 강하게 반발하는 이들은 물론 저자의 비판 대상이 된 신보수주의자들일 것이다. 일례로 미국의 권력에 대해 저자와 상반된 해석을 지닌 대표적인 학자이며 이 책에서도 논문이 여러 차례 인용되고 있는 스티븐 브룩스는, "류스-스미트의 분석은 서구 좌파-반미 부류 지식인들의 매우 전형적인 레퍼토리"이고 "소프트 파워에 대한 조지프 나이의 개념을 고쳐 쓰고 옹호하는 데서 벗어나지 못했다"고 일축하면서, 신보수주의의에 대한 묘사가 "저자의 반미주의에 의해 피상적으로 왜곡되었다"고 불평하였다.[2]

  한편 저자의 정치적 견해에 대체로 공감하는 학자들이 이 책에 대해 제기한 비판은 대체로 세 가지로 요약된다.[3]

  첫째로 저자는 오늘날 미국의 대외 정책이 패권을 부흥하려는 기획이라고 판단했는데, 현재 미국의 권력은 패권의 개념에 들어맞지 않으며 그보다는 제국주의적 성격에 가깝다는 것이다. 본래 그람시가 말한 의미에서의 패권(헤게모니)이란 눈에 보이지 않는 무위의 권력이며 주로 '국가 간 관계를 지배하는 기본 규칙'을 겨냥하는 데 반해, 부시 행정부는 간접적인 규칙에 만족하지 못한 채 대단히 직접적이고 능동적인 방식으로 권력을 휘두르고 있기 때문이다. 그리고 수많은 평자들은 물론 신보수주의자들 자신도 미국을 제국이라 칭하기를 주저하지 않는다. 그런데 저자는 미국의 권력의 제국주의적 성격에 대해서는 침묵하고 있다는 것이다.

  둘째는 권력과 정당성에 대한 이론적 논의와 부시 행정부의 대외 정책에 대한 비판이 다소 무리하게 연결되어 있다는 지적이다. 미국의 패권적 야심은 이론적 실천이 아니라 정치적 기획인데, 저자는 부시 행정부 내 신보수주의자들의 대외 정책을 마치 사회과학 이론인 것처럼 분석하고 있다는 것이다. 그러므로 그들의 이론적 가정이나 토대가 내적 모순을 띠

----

2) 이 책에 대한 스티븐 브룩스의 리뷰, *Canadian Journal of Political Science*, 2006, vol. 39, no. 2, p. 471-3.

3) 이 부분의 내용은 de Carvalho, B., Neumann, I. B., Sending, O. J.; Groeger, N. Thune, H.; Leira, H., Reus-Smit, C., "Symposium: Christian Reus-Smit's *American Power and World Order*," *Global Change, Peace and Security*, 2004, vol. 16, no. 3, p. 243-54를 참고한 것이다.

고 있다고 지적하는 것은 — 물론 그 덕분에 신선한 통찰이 가능해지기도 하지만 — 별로 쓸모가 없고 그보다는 이 기획이 실시된 정치적 맥락을 봐야 한다는 것이다.

셋째는 저자가 부시 행정부 내 신보수주의자들의 역할을 과장하고 있으며 신보수주의를 부시 행정부와 동일시하여 부시 행정부 내의 실제 분위기나 현재 미국 대외 정책의 변화들을 잘못 해석할 우려가 있다는 점이다.

이 책은 부시가 재선을 앞두고 있던 2004년에 출간되었는데, 후기를 쓰고 있는 2008년 2월 현재 부시 행정부는 집권 이후 최저의 지지율을 기록 중이다. 그리고 지금 미국에서는 새롭게 등장한 버락 오바마의 예기치 않은 선전으로 민주당 대선 후보 경선이 연일 흥행을 거두는 중이고, 정권이 교체될 가능성은 9.11 이후 그 어느 때보다도 커 보인다. 이는 결국 부시 행정부의 대외 정책 — 직접적으로 말해 이라크 전쟁 — 실패에 기인하며, 부시 행정부의 대외 정책이 실패한 이유는, 저자가 말했듯이, 규범과 제도를 무시하고 미국의 권력을 자기도취적으로 휘둘렀기 때문이다. 그러나 "권력이 물질적 자원에서만 유래하는 것이 아니며 근본적으로 관계적·제도적·사회적 성격을 띠고 있다는 생각은 부시 행정부에만 적용되는 것이 아니라 보편적인 적합성을 지니고 있다. 또 가장 힘 있는 국가도 주권 국가 체제와 자유 시장 경제의 지구화가 몰고 온 뿌리 깊은 도전을 피할 수 없다는 생각 또한 그러하다. 그리고 지배 권력의 윤리에 대한 체계적인 사고 또한 부시 행정부가 사라진 뒤에도 우리가 직면해야 할 도전이다"라는 저자의 주장이 옳다면, "미국의 물질적 우위는 앞으로도 한동안 유지되면서 세계 정치에 패권과 거버넌스와 윤리의 문제를 제기할 것이다."

주

서론

1) Kenneth N. Waltz, "The continuity of international politics," in *Worlds in Collision: Terror and the Future of Global Order*, eds Ken Booth and Tim Dunne (London: Palgrave Macmillan, 2002), pp. 348-53, at p. 350.

2) Stephen G. Brooks and William Wohlforth, "American primacy in perspective," *Foreign Affairs*, 81, 4 (2002), pp. 20-33, at pp. 30-1.

3) 부시 행정부는 최근 다른 나라들과 소위 "98조 협정"[국제형사재판소 창설에 대한 로마규정 98조 2항의 기소면제 조항을 빌미로 미국이 세계 여러 나라와 개별적으로 추진한 양자협정]을 맺기 위한 강력한 캠페인에 착수했다. 이는 미군에 대한 국제형사재판소의 기소를 면제해 주는 내용이다. 하지만 이 조약을 협상하는 데 행정부가 성공했는지 여부는 불투명하다. 이 글을 쓰고 있는 시점까지 주요 유럽 국가들은 여기에 서명하지 않았고, 미국의 가장 가까운 동맹국들도 서명을 거절하거나 주저하거나 아직 결정하지 못한 상태이다. 유럽 연합은 국제형사재판소의 무결성을 유지하기 위해 이러한 조약에 대한 가이드라인을 수립했고, 이 가이드

라인을 준수하는 국가에 대해서만 유럽 연합의 가입을 허용한다는 점
은 위협으로 작용한다. 행정부는 유럽과 거리가 멀고 물질적으로 허약
하여 미국이 가하는 압력에 취약한 국가들과 조약을 맺는 데 성공했다.
그 압력이란 이를테면 의회에서 군사 원조의 철수를 명하는 것 등이다.
그러나 그러한 압력을 가했음에도 불구하고 98조 조약에 서명한 국가
대부분은 국제형사재판소의 비회원국이었음을 지적할 필요가 있다. 이
조약에 대한 상세한 연구로는 <http://www.humanrightswatch.org/
campaigns/icc/docs/bilateralagreements.pdf>를 보라.

4) Hans H. Gerth and C. Wright Mills (eds), *From Max Weber:
Essays in Sociology* (London: Routledge & Kegan Paul, 1948), p. 280.

5) Robert O. Keohane and Joseph S. Nye, *Power and Inter-
dependence* (Boston, MASS: Little, Brown, 1977), p. 44.

1. 우위의 이상주의

1) John Lewis Gaddis, *The Long Peace: Inquiries into the History of
the Cold War* (Oxford: Oxford University Press, 1987); Kenneth Waltz,
Theory of International Politics (New York: Random House, 1979), p.
180; and Kenneth Waltz, "The stability of the bipolar world,"
Daedalus, 93, 3 (1964), pp. 881-909, at p. 899.

2) John Lewis Gaddis, "A grand strategy of transfomation," *Foreign
Policy*, 133, November/December (2002), pp. 50-7, at p. 56.

3) Robert O. Keohane, *After Hegemony: Cooperation and Discord in
the World Political Economy* (Princeton: Princeton University Press,
1984); and Keohane, *International Institutions and State Power:*

Essays in International Relations Theory (Boulder, CO: Westview Press, 1989).

4) Robert Gilpin, *War and Change in World Politics* (Cambridge: Cambridge University Press, 1981).

5) Waltz, *Theory of International Politics*.

6) Gilpin, *War and Change*, p. 42.

7) Ibid., p. 43.

8) Ibid., p. 235.

9) 예를 들어, Richard Lugar, "The republican course," *Foreign Policy*, 86, spring (1992), pp. 86-98를 보라.

10) Daniel Deudney and John Ikenberry, "Who won the Cold War?," *Foreign Policy*, 87, summer (1992), pp. 123-38, at p. 125.

11) William C. Wohlforth, "Realism and the end of the Cold War," *International Security*, 19, 3, winter (1994/95), pp. 91-129를 보라.

12) Jeffrey Legro and Andrew Moravcsik, "Is anybody still a realist?," *International Security*, 24, 2, fall (1999), pp. 5-55.

13) Ferenc Feher, "Eastern Europe in the eighties," *Telos*, 45, fall (1980), pp. 5-18. at p. 14.

14) Edward P. Thompson, *Beyond the Cold War* (London: Merlin, 1982), pp. 32-3.

15) Christian Reus-Smit, "Realist and resistance utopias: security and political action in the new Europe," *Millennium: Journal of International Studies*, 21, 1, spring (1992), pp. 1-28.

16) Greg Fry and Jacinta O'Hagan (eds), *Contending Images of World Politics* (London: Macmillan, 2000), pp. 2-3.

17) Richard Ned Lebow and Janice Gross Stein, *We All Lost the Cold War* (Princeton: Princeton University Press, 1994).

18) Charles Krauthammer, "The unipolar moment," *Foreign Affairs*, 70, 1 (1990/91), pp. 23-33, at p. 24.

19) Ibid.

20) Ibid., p. 25.

21) Ibid., p. 33.

22) Francis Fukuyama, "The end of history," *The National Interest*, 16, summer (1989), pp. 3-18.

23) Francis Fukuyama, "*The End of History and the Last Man* (New York: Free Press, 1992), p. xi.

24) Ibid., pp. xi-xxiii.

25) Ibid., pp. 276-84.

26) 초기의 연구로는 Michael Doyle, "Kant, liberal legacies, and foreign affairs I," *Philosophy and Public Affairs*, 12, 3, summer (1983), pp. 205-35; and "Kant, liberal legacies, and foreign affairs II," *Philosophy and Public Affairs*, 12, 4, fall (1983), pp. 323-53을 보라. 또한 Bruce Russett, *Grasping the Democratic Peace: Principles for a Post-Cold War World* (Princeton: Princeton University Press, 1993)도 참조.

27) President Bill Clinton, "State of the Union Address, 1994." 역사적으로 미국의 대외 정책에서 민주주의 증진이 행한 역할에 대해서는 Tony Smith, *America's Mission* (Princeton: Princeton University Press, 1994)를 보라.

28) Larry Diamond, "Promoting democracy," *Foreign Policy*, 87, summer (1992), pp. 25-46. at p. 26.

29) Ibid., p. 27.

30) 이러한 입장에 대한 고전적 저작은 Paul Kennedy의 책 *The Rise and Fall of the Great Powers: Economic Change and Military Conflict from 1500 to 2000* (New York: Random House, 1987)이다.

31) Joseph S. Nye, "Soft power," *Foreign Policy*, 80, fall (1990), pp. 153-71. at p. 168. 또한 Joseph S Nye, *Bound to Lead* (New York: Basic Books, 1990)을 보라.

32) Nye, "Soft power," p. 171.

33) Kenneth Waltz, "The new world order," *Millennium: Journal of International Studies*, 22, 2 (1993), pp. 187-95, at p. 190.

34) Christopher Layne, "The unipolar illusion: why new great powers will rise," *International Security*, 17, 4 (1993), pp. 5-51.

35) John Mearsheimer, "Back to the future: instability in Europe after the Cold War," *International Security*, 15, 1 (1990), pp. 5-56.

36) John Zysman, "US power, trade, and technology," *International Affairs*, 67, 1 (1991), pp. 81-106.

37) Harris Wofford, "The democratic challenge," *Foreign Policy*, 86, spring (1992), pp. 99-113, at p. 100.

38) Zysman, "US power, trade, and technology," p. 103.

39) Samuel P. Huntington, "Why international primacy matters," *International Security*, 17, 4, spring (1993), pp. 68-83, at p. 75.

40) Samuel P. Huntington, *The Clash of Civilization and the Remaking of World Order* (London: Touchstone, 1996), p. 29.

41) Ibid., p. 21.

42) Ibid., p. 28.

43) Ibid., p. 29.

44) Henry Kissinger, *Diplomacy* (New York: Touchstone, 1994).

45) Robert Kaplan, "The coming anarchy," *Atlantic Monthly*, 273, 2, February (1994); and Daniel Patrick Moynihan, *Pandaemonium: Ethnicity in International Politics* (Oxford: Oxford University Press, 1993).

46) Terry L. Deibel, "Bush's foreign policy: mastery and inaction," *Foreign Policy*, 84, fall (1991), pp. 3-23, at p. 22.

47) Andrew J. Bacevich, *American Empire: The Realities and Consequences of US Diplomacy* (Cambridge, MASS: Harvard University Press, 2002)를 보라.

48) R. W. Harris, *Absolutism and Enlightenment: 1660-1789* (London, Blandford Press, 1967), p. 76에서 인용.

49) Heather Neilson, "Big words: issues of American self-representation," *Australasian Journal of American Studies*, 17, 1 (1998), pp. 3-21, at p. 3에서 인용.

50) 이에 비해 민주당 의원들은 평균 19.3퍼센트를 기록했으며, 0퍼센트인 의원들도 많았다. William Martin, "The Christian right and American foreign policy," *Foreign Policy*, 114, spring (1999), pp. 66-80, at p. 70.

51) Project for the New American Century, "Statement of principles," 3 June 1997: <http://www.newamericancentury.org/ statement ofprinciples.htm>.

52) Robert Kagan and William Kristol, "The present danger," *The National Interest*, 59, spring (2000), pp. 57-69, at p. 58.

53) Zalmay Khalilzad, "Losing the moment? The United States and the world after the Cold War," *Washington Quarterly*, 18, 2 (1995), pp. 87-107, at p. 94.

54) Ibid., pp. 95-103.

55) Kagan and Kristol, "The present danger," pp. 65-6. 또한 Project for the New American Century, "Letter to President Clinton on Iraq," 26 January 1998: <http://www.newamericancentury.org/ iraqclintonletter.htm>도 보라.

56) Khalilzad, "Losing the moment?," p. 101.

57) "The National Security Strategy of the United States of America," September 2002, p. 3: <http://www.whtiehouse.gov/nsc/nss1.html>.

58) Ibid.

59) Ibid., p. 27.

60) President George W. Bush, "Preface letter," in "The National Security Strategy of the United States," 17 September 2002, p. 1: <http://www.whitehouse.gov/nsc/nssintro.html>.

61) Ibid., p. 25.

62) Robert Kagan, "The benevolent empire," *Foreign Policy*, 111, summer (1998), pp. 24-35, at p. 26.

63) 이 구절은 "미국의 국가 안보 전략"에서 여러 번 반복된다.

64) Ibid., p. 6.

65) President George W. Bush, "President's remarks at the United Nations General Assembly," 12 September 2002, p. 2: <http://www.whitehouse.gov/news/releases/2002/09/20020912-1.html>.

66) "National Security Strategy," p. 13.

2. 권력의 연금술

1) William E. Connolly, *The Terms of Political Discourse*, 3rd edn (Princeton: Princeton University Press, 1993), p. 10.

2) Barry Hindess, *Discourses of Power: From Hobbes to Foucault* (Oxford: Blackwell, 1996), ch. 1.

3) Hans J. Morgenthau, *Politics Among Nations: The Struggle for Power and Peace*, 6th edn (New York: McGraw Hill, 1986), chs 7-10.

4) Hindess, *Discourses of Power*, p. 1.

5) Gerth and Mills (eds), *From Max Weber: Essays in Sociology* (London: Routledge & Kegan Paul, 1948), p. 78.

6) Robert O. Keohane and Joseph S. Nye, *Power and Inter-dependence*, 2nd edn (New York: Haper Collins, 1989), p. 44.

7) Thucydides, *History of the Peloponnesian War* (Harmondsworth: Penguin, 1972), pp. 401-2.

8) Robert W. Cox, "Social forces, states, and world orders: beyond international relations theory," *Millennium: Journal of International Studies*, 10, 2 (1981), pp. 126-55, at p. 153.

9) Condoleezza Rice, "Promoting the national interest," *Foreign Affairs*, 79, 1 (2000), pp. 45-62, at pp. 47, 49.

10) Charles Krauthammer, "The unipolar moment," *Foreign Affairs*, 70, 1 (1990/91), pp. 23-33, at p. 24. 강조는 필자.

11) Stephen D. Brooks and William Wohlforth, "American primacy in perspective," *Foreign Affairs*, 81, 4 (2002), pp. 20-33, at p. 21.

12) Ibid., pp. 22-3.

13) "The National Security Strategy of the United States," September 2002: <http://www.whitehouse.gov/nsc/nss1.html> p. 3. 강조는 필자.

14) Rice, "Promoting the national interest," pp. 45-6.

15) Robert O. Keohane, *International Institutions and State Power: Essays in International Relations Theory* (Boulder, CO: Westview Press, 1989), p. 3.

16) Krauthammer, "The unipolar moment," p. 25.

17) Rice, "Promoting the national interest," p. 47.

18) Morgenthau, *Politics Among Nations*, p. 13.

19) Paul Kennedy, *The Rise and Fall of the Great Power: Economic*

Change and Military Conflict from 1500 to 2000 (London: Unwin Hyman, 1988).

20) Brooks and Wohlforth, "American primacy and perspective," pp. 23, 30-1.

21) Ibid., p. 32.

22) Ibid., p. 33.

23) Rice, "Promoting the national interest," pp. 47, 49.

24) Josef Joffe, "Who's afraid of Mr. Big?," *The National Interest*, 64, summer (2001), pp. 43-52, at p. 43.

25) Max Weber, *The Theory of Social and Economic Organization* (New York: Free Press, 1957), p. 152.

26) Joseph S. Nye. *The Paradox of American Power: Why the World's Only Superpower Can't Go it Alone* (Oxford: Oxford University Press, 2002), p. 4.

27) James C. Scott, *Domination and the Arts of Resistance* (New Haven: Yale University Press, 1990).

28) Anthony Giddens, *A Contemporary Critique of Historical Materialism: Volume One, Power, Property, and the State* (Berkeley, CA: University of California Press, 1981), p. 51.

29) Michel Crozier and Erhard Friedberg, *Actors and Systems: The Politics and Collective Action* (Chicago: University of Chicago Press, 1980), pp. 30-1.

30) Robert W. Jackman, *Power Without Force: The Political Capacity of Nation-States* (Ann Arbor: The University of Michigan Press, 1993), p. 30.

31) David Beetham, *The Legitimation of Power* (London: Macmillan, 1991); Thomas Franck, *The Power of Legitimacy Among Nations* (New

York: Oxford University Press, 1990); Ian Hurd, "Legitimacy and authority in international politics," *International Organization*, 53, 2, spring (1999), pp. 379-408를 보라.

32) Edmund Burke, "On conciliation with the colonies," in *Speeches and Letters on American Affairs* (London: J. M. Dent and Sons, 1908), pp. 76-141.

33) Niccolò Machiavelli, *The Prince*, in *The Portable Machiavelli*, eds Peter Bondanella and Mark Musa (Harmondsworth: Penguin, 1979), pp. 13-146.

34) Charles Merriam, *Political Power: Its Composition and Incidence* (New York: McGraw Hill, 1934), p. 180.

35) Lisa Martin, "The rational state choice of multilateralism," in *Multilateralism Matters: The Theory and Praxis of an Institutional Form*, ed. John Gerard Ruggie (New York: Columbia University Press, 1993), pp. 91-121.

36) Krauthammer, "The unipolar moment," p. 25.

37) Alexander Wendt, *Social Theory of International Politics* (Cambridge: Cambridge University Press, 1999), ch. 6.

38) Anthony Giddens, *The Constitution of Society: Outline of the Theory of Structuration* (Berkeley, CA: University of California Press, 1984), p. 24.

39) Daniel Philpott, *Revolutions in Sovereignty* (Princeton: Princeton University Press, 2001), p. 12.

40) Christian Reus-Smit, *The Moral Purpose of the State: Culture, Social Identity, and Institutional Rationality in International Relations* (Princeton: Princeton University Pres, 1999).

41) Krauthammer, "The unipolar moment," p. 33.

42) Nye, *The paradox of American Power*, p. 142.

43) Ibid., p. 9.

44) Robert Cox, "Gramsci, hegemony, and international relations," in *Gramsci, Historical Materialism and International Relations*, ed. Stephen Gill (Cambridge: Cambridge University Press, 1993), p. 61.

45) Bruce Cronin, "The Paradox of hegemony: America's ambiguous relationship with the United Nations," *European Journal of International Relations*, 7, 1 (2001), pp. 103-30, at p. 103.

46) Ibid., p. 105.

47) Ibid., p. 111.

48) Francis Fukuyama, *The End of History and the Last Man* (New York: Free Press, 1992), pp. xviii-xx.

3. 현실 세계

1) Elizabeth Kier, *Imagining War: French and British Military Doctrine Between the Wars* (Princeton: Princeton University Press, 1997).

2) Ernest Renan, "What is a nation?," in *Readings in World Politics*, ed. Robert Goldwin (New York: Oxford University Press, 1970), p. 409.

3) Robert Kagan, "The benevolent empire," *Foreign Policy*, 111, summer (1998), pp. 24-35, at p. 26.

4) President George W. Bush, "State of the Union Address 2003," 28 January 2003: <http://www.whitehouse.gov/news/releases /2003/03 /20030128-19.html>.

5) Ibid.

6) Robert Kagan, "Power and weakness," *Policy Review*, 113, June/July (2002), pp. 3-28, at p. 15.

7) President George W. Bush, "Radio address to the nation," 1 March 2003: <http://www.whitehouse.gov/news/releases/2003/03/20030301.html>. 또한 "Remarks by the President at the American Enterprise Institute annual dinner," 26 February 2003: <http://www.whitehouse.gov/news/releases/2003/02/iraq/20030226-10.html>도 보라.

8) Chalmers Johnson, *Los Angeles Times*, 17 October 2002. 또한 John Dower, *Warning from History: Don't Expect Democracy in Iraq*, Japan Policy Reserch Institute Occasional Paper No. 30 (Cardiff, CA: Japan Policy Research Instiute, 2003)도 보라.

9) 이와 관련해 여러 다양한 견해를 잘 정리해 놓은 문헌으로는 *Worlds in Collision: Terror and Future of Global Order*, eds Ken Booth and Tim Dune (London: Palgrave Macmillan, 2002)를 보라.

10) Secretary of Defense Donald Rumsfeld, *Annual Report to the President and the Congress*, 2002 (Washington, DC: Department of Defense, 2002), p. 10.

11) Ibid.

12) Christian Reus-Smit, *The Moral Purpose of the State: Culture, Social Identity, and Institutional Rationality in International Relations* (Princeton: Princeton University Press, 1999), ch. 6.

13) Hedley Bull, *The Anarchical Society: A Study of Order in World Politics*, 3rd edn (London: Palgrave Macmillan, 2002), pp. 9, 13.

14) Ibid., p. 13.

15) Ibid., p. 269.

16) Michael Barnett and Martha Finnemore, "The politics, power, and pathologies of international organizations," *International Organization*, 53, 4 (1999), pp. 699-732.

17) <http://www.aei.org/events/eventID.329,filter.foreign/event_ detail.asp>.

18) Charles Krauthammer, "The unipolar moment," *Foreign Affairs*, 70, 1 (1990/91), pp. 23-33, at p. 33.

19) 브레턴우즈 제도에 대해서는 G. John Ikenberry, "A world economy restored: expert consensus and the Anglo-American postwar settlement," *International Organization*, 46, 1, winter (1992), pp. 289-322를 보라.

20) Steve Weber, "Shaping the postwar balance of power: multi-lateralism in NATO," in *Multilateralism Matters: The Theory and Praxis of an Institutional Form*, ed. John Gerard Ruggie (New York: Columbia University Press, 1993), p. 267.

21) Tzvetan Todorov, *The Conquest of America: The Question of the Other* (New York: Harper, 1992).

22) 베스트팔렌과 유트레히트 조약에 대해서는 Reus-Smit, *The Moral Purpose of the State*; and Daniel Philpott, *Revolutions in Sovereignty* (Princeton: Princeton University Press, 2001)를 보라. '문명의 표준'에 대해서는 Gerrit W. Gong, *The Standard of 'Civilization' in International Society* (Oxford: Clarendon Press, 1984)를 보라.

23) Christian Reus-Smit, "Human rights and the social construction of sovereignty," *Review of International Studies*, 27, 4 (2001), pp. 519-38; and Robert H. Jackson, *Quasi-States: Sovereignty, International Relations, and the Third World* (Cambridge: Cambridge University Press, 1990).

24) Thomas J. Biersteker, "The triumph of neoclassical economics in the governance in the international economic order," in *Governance Without Government: Order and Change in World Politics,* eds James N. Rosenau and Ernst Otto Czempiel (Cambridge: Cambridge University Press, 1992), p. 106.

25) Charles Tilly, *Coercion, Capital, and European States: AD 990-1990* (Oxford: Blackwell, 1990), p. 4.

26) "Global poverty monitoring": <http://www.worldbank.org/ research/povmonitor/>를 보라.

27) United Nations Development Program, *Human Development Report 2001: Making New Technologies Work for Human Development* (New York: Oxford University Press, 2001), pp. 22, 9.

28) Thomas Pogge, *World Poverty and Human Rights: Cosmopolitan Responsibilities and Reforms* (Cambridge: Polity, 2002), p. 98.

29) United Nations Development Program, *Human Development Report 2002: Deepening Democracy in a Fragmented World* (New York: Oxford University Press, 2002), p. 10.

30) United Nations Development Program, *Human Development Report 1999: Globalization with a Human Face* (New York: Oxford University Press, 1999), p. 3.

31) United Nations Environment Program, *Global Environment Outlook: 2000, Overview* (Nairobi: United Nations Environment Program, 1999), p. 15.

32) Ibid., p. 5.

33) Peter Christoff, "Ecological modernization, ecological modernities," *Environmental Politics*, 5, 3 (1996), pp. 476-500; Maarten Hajer, *The Politics of Environmental Discourse: Ecological Moder-*

nization and the Policy Process (Oxford: Clarendon Press, 1995); and Albert Weale, *The New Politics of Pollution* (Manchester: Manchester University Press, 1992).

34) Thomas F. Homer-Dixon, *Environment, Security, and Violence* (Princeton: Princeton University Press, 2001).

35) President George W. Bush, "Graduation speech at West Point," 1 June 2002, p. 3: <http://www.whitehouse.gov/news/releases /2002/06/20020601-3>.

4. 도덕주의의 윤리

1) HandMade Films, *Monty Python's Life of Brian.* Copyright 1979, Python (Monty) Pictures Ltd.

2) Peter Kilfoyle, former Labour Defence Secretary, House of Commons Debate on Iraq, 18 March 2003: <http://news.bbc.co.uk/1/hi/uk_politics/2862325.stm>.

3) Niccolò Machiavelli, *The Discourses*, in *The Portable Machiavelli*, eds Peter Bondanella and Mark Musa (Harmondsworth: Penguin, 1979), p. 200.

4) President George W. Bush, "State of the Union Address 2003," 28 January 2003: <http://www.whitehouse.gov/news/releases/2003/03/20030128-19.html>.

5) David C. Hendrickson, "Toward universal empire: the dangerous quest for absolute security," *World Policy Journal*, 19, 3, fall (2002), pp. 1-10, at p. 9.

6) Thucydides, *History of the Peloponnesian War* (Harmondsworth:

Penguin, 1972), pp. 401-2.

7) Mancur Olson, *The Logic of Collective Action: Public Goods and the Theory of Groups* (Cambridge, MASS: Harvard University Press, 1965), pp. 14-6.

8) Hedley Bull, *The Anarchical Society: A Study of Order in World Politics*, 3rd edn (London: Palgrave Macmillan, 2002), p. 199.

9) Ibid., p. 200.

10) Ibid., p. 93.

11) Olson, *The Logic of Collective Action*, p. 2.

12) Robert O. Keohane, *After Hegemony: Cooperation and Discord in the World Political Economy* (Princeton: Princeton University Press, 1984), p. 69.

13) Charles Kindleberger, *The World in Depression 1929-1939* (Harmondsworth: Penguin, 1973).

14) Joseph S. Nye, *The Paradox of American Power: Why the World's Only Superpower Can't Go it Alone* (Oxford: Oxford University Press, 2002), pp. 141-7.

15) Henry Shue, *Basic Rights: Subsistence, Affluence, and US Foreign Policy*, 2nd edn (Princeton: Princeton University Press, 1996).

16) Lea Brilmayer, *American Hegemony: Political Morality in a One-Superpower World* (New Haven: Yale University Press, 1994), p. 19.

17) Ibid., p. 61-2.

18) Ibid., p. 220.

19) David Halloran Lumsdaine, *Moral Vision in International Politics: The Foreign Aid Regimes 1949-1989* (Princeton: Princeton University Press, 1993).

20) Jean-Jacques Rousseau, "On social contract or the principles of

political right," in *Rousseau's Political Writings*, eds Alan Ritter and Julia Conway Bonadella (New York: Norton, 1988), p. 88.

21) Bull, *The Anarchical Society*, p. 86.

22) Ibid., p. 91.

23) Hedley Bull, "Justice in international relations: the 1983 Hagey lectures (1948)," in *Hedley Bull on International Society*, eds Kai Alderson and Andrew Hurrell (London: Macmillan, 2000), pp. 206-45.

24) John Rawls, *A Theory of Justice* (Oxford: Oxford University Press, 1971), p. 3.

25) Shue, *Basic Rights*, p. 19.

26) Christian Reus-Smit, "The strange death of liberal international theory," *European Journal of International Law*, 12, 43, June (2001), pp. 573-93.

27) Bull, "Justice in international relations," p. 227.

28) Charter of the United Nations, Article 39.

29) Richard Price, "Reversing the gun sights: transnational civil society targets land mines," *International Organization*, 52, 3 (1998), pp. 575-612.

30) Margaret E. Keck and Kathryn Sikkink, *Activists Beyond Borders: Advocacy Networks in World Politics* (Ithaca, NY: Cornell University Press, 1998), p. 35.

31) Nicholas Wheeler, *Saving Strangers: Humanitarian Intervention in International Society* (Oxford: Oxford University Press, 2001) 를 보라.

32) Michael Walzer, *Just and Unjust Wars: A Moral Argument with Historical Illustrations* (Harmondsworth: Penguin, 1977), p. 101. 나의 정의는 굶주림을 포함했다는 점에서 왈쩌의 정의와 차이가 있다.

33) Henry Shue, "Let whatever is smouldering erupt? Conditional sovereignty, reviewable intervention, and Rwanda 1994," in *Between Sovereignty and Global Governance*, eds Albert J. Paolini, Anthony P. Jarvis and Christian Reus-Smit (London: Macmillan, 1998), pp. 76-7.

34) International Commission on Intervention and State Sovereignty, *The Responsibility to Protect* (Ottawa: International Development Research Center, 2001).

35) President George W. Bush, "Graduation speech at West Point," 1 June 2002: <http://www.whitehouse.gov/news/releases/2002/06/20020601-3.html>.

36) Nicholas Lemann, "Without a doubt," *Sydney Morning Herald Magazine, Good Weekend*, 15 February 2003, pp. 22-30.

37) Bush, "Graduation speech at West Point."

38) President George W. Bush, "Radio address to the nation," 1 March 2003: <http://www.whitehouse.gov/news/releases/2003/03/20030301.html>.

39) President George W. Bush, "Remarks by President at the American Enterprise Institute annual dinner," 26 February 2003: <http://www.whitehouse.gov/news/releases/2003/02/iraq/20030226-10.html>.

40) Rousseau, "On social contract," p. 96.

41) "Going it alone," *The Bulletin of Atomic Scientists*, 58, 4, July/August (2002), pp. 36-7.

42) George Monbiot, One rule for them," *the Guardian*, 25, March 2003.

5. 강압과 탈퇴

1) Charles Krauthammer, "The unipolar moment revisited," *The National Interest*, 70, winter (2002/3), pp, 5-17, at p. 6.

2) Ibid., p. 7.

3) Ibid., p. 15.

4) Ibid., p. 12.

5) Ibid., p. 17.

6) Ibid.

7) Albert O. Hirschman, *Exit, Voice, and Loyalty: Responses to Decline in Firms, Organizations, and States* (Cambridge, MASS, Harvard University Press, 1970), p. 107.

8) Steven Weisman, "A long, winding road to a diplomatic dead end," *New York Times*, 17 March 2003. 행정부의 외교에 대해 비슷하지만 좀 더 날선 비판이 같은 날 『워싱턴 포스트*Washinton Post*』에 게재되었다.

9) Paul Wolfowitz, "Statement before the House National Security Committee," 18 September 1998: <http://www.newamericancentury.org/iraqsep1989.htm>.

10) Bob Woodward, *Bush at War* (New York: Simon and Schuster, 2002), p. 49.

11) President George W. Bush, "President's remarks at the United Nations General Assembly," 12 September 2002: <http://www.whitehouse.gov/news/releases/2002/09/20020912-1.html>.

12) Ibid.

13) Caroline Overington, "Bush takes one step forward, and then two back," *Sydney Morning Herald*, 21-2 September 2002, p. 20.

14) 유엔 안보리 결의안 1441, 2, 5, 12, 13번째 단락.

15) Bush, "President's remarks at the United Nations General Assembly."

16) Edward Gibbon, *The Portable Gibbon*, Dero A. Saunders (Harmondsworth: Penguin, 1955), p. 621. 강조는 필자.

17) Thucydides, *History of the Peloponnesian War* (Harmondsworth: Penguin, 1972), Book I.144, p. 122.

18) Ibid., Book VII.87, pp. 536-7.

찾아보기